Caointe agus Seancheolta Eile

Keening and Other Old Irish Musics

CAOINTE AGUS SEANCHEOLTA EILE

Keening and Other Old Irish Musics

BREANDÁN Ó MADAGÁIN

Cló Iar-Chonnachta
Indreabhán
Conamara

An Chéad Chló 2005
© Breandán Ó Madagáin 2005

ISBN 1 902420 97 7 (bog)
ISBN 1 902420 98 5 (crua)

Obair ealaíne an chlúdaigh / Cover artwork: © Photo SCALA, Florence
    Women performing a funeral dance, from Ruvo. Naples, Museo Nazionale, 1990.
Dearadh clúdaigh / Cover Design: Outburst Design
Dearadh / Design: Foireann CIC

Bord na
Leabhar
Gaeilge

Tugann Bord na Leabhar Gaeilge
tacaíocht airgid do Chló Iar-Chonnachta

arts
council
schomhairle
ealaíon

Faigheann Cló Iar-Chonnachta cabhair airgid
ón gComhairle Ealaíon

Clóchur: Cló Iar-Chonnachta, Indreabhán, Conamara
Teil: 091-593307   **Facs:** 091-593362   **r-phost:** cic@iol.ie
Priontáil: ColourBooks, Baile Dúill, Baile Átha Cliath 13
Teil: 01-8325812

I gcuimhne ar an
Dochtúir Máirtín Ó Briain,
iardhalta, comhleacaí agus cara ionúin

Vivat in pace

BUÍOCHAS

Ba mhaith leis an údar buíochas a ghabháil le Nicholas Carolan, Stiúrthóir Taisce Cheol Dúchais Éireann, as ucht comhairle bhisigh a chur air faoin diosca agus faoin leabhar; leis an Dr Pádraig Ó Héalaí agus leis an Dr Feargal Ó Béarra, a chuir foinsí ar fail dó; le Críostóir Mac Cárthaigh, Roinn Bhéaloideas Éireann, An Coláiste Ollscoile, Baile Átha Cliath, as ucht pictiúir a sholáthar dó; le Tom Bheairtle Tom Ó Flatharta, a thug cead dó a chuid focal leis a chur sa leabhar; agus lena mhac féin Cathal, a chuir comaoin chomhairle air.

CLÁR

I. Mná caointe ar shochraid feirmeora; Daniel Maclise A.R.A. 1836.

NÓTA BROLLAIGH

Traidisiún canta go bunúsach ab ea traidisiún na filíochta sa Ghaeilge riamh anall, cibé acu filíocht léannta na seanfhilí, nó caointeoireacht neamhléannta na ngnáthdhaoine, nó amhráin ghrá, nó na haislingí.

Tá cuid mhaith den seancheol ar eolas againn, sa chaoi gur féidir na focail agus na foinn a aontú le chéile arís, agus an fhilíocht a bhlaiseadh mar a shamhlaigh na filí í. Sin é atá déanta ag Breandán Ó Madagáin ar an dlúthdhiosca seo, agus aiste eolais aige chomh maith ag cur síos ar an traidisiún. Bhí spéis ar leith aige i gcónaí i dtraidisiún na filíochta ceoil. Nuair a bhí sé ina Ollamh le Gaeilge in Ollscoil na hÉireann, Gaillimh, ba nós aige an fhilíocht a chanadh sa rang dá chuid mac léinn. Ní fonnadóir gairmiúil é, ach oiread leis na fonnadóirí a bhíodh ag gabháil na bhfonn seo fadó – caointe, amhráin oibre, etc. Ina dhiaidh sin, tá súil aige gur éirigh leis an seantraidisiún a léiriú go fírinneach. Dá chomhartha sin, is mór aige an focal a dúirt Tom Bheairtle Tom Ó Flatharta (Indreabhán, Co. na Gaillimhe) leis, tar éis do Bhreandán dreas caointeoireachta a chanadh le linn léachta: 'Ó! chuir tú mo mháthair i m'intinn agus í ag caoineadh mo dhearthairín a bhí tar éis bháis ina leanbh dó, agus ina dhiaidh sin í ag caoineadh m'athar féin nuair a bhásaigh sé fadó, agus a hathair is a máthair féin: mo Dheaideo agus mo Mhamó. Sin díreach an chaoi a ndearna sí é. Bhí mé ag feiceáil mo mháthar is mé ag éisteacht leat.'

Introductory Note

The tradition of Irish poetry was basically a sung tradition, whether that of the learned bardic poets, or the unlearned keening of the ordinary folk, or that of the love songs, or the *aislingí* (political vision songs). Some of the old music has survived, so that it is possible to reunite the words with the tunes, and to experience the poetry as the poets themselves envisaged it. This is what Breandán Ó Madagáin has done on this CD, as well as providing a commentary (in Irish and English) on the illustrations. He has long recognized the integral function of the musical dimension to the poetry. When he was Professor of Irish in the National University of Ireland, Galway, he frequently sang the poems during lectures to his students. He is not a professional singer, any more than were the singers who performed these pieces in the old living tradition – keens, work songs, etc. Nevertheless, he hopes that he has succeeded in illustrating that tradition authentically. On that account, he sets great store by the comment made to him by Tom Bheairtle Tom Ó Flathartha (Indreabhán, Co. Galway) after Breandán had performed a round of keening during a lecture: 'Oh! you reminded me of my mother and she keening my little brother who had died as a child, and later as she keened my own father when he died long ago, and her own father and mother: my Grandad and my Granny. That was exactly how she did it. I had a vision of my mother as I was listening to you' (original in Irish).

CAOINEADH

Sampla is ea an caoineadh de chineál fonnadóireachta ar tháinig athrú feidhme air in imeacht na n-aoiseanna. In aimsir na págántachta, agus go ceann i bhfad ina diaidh, is é is dóichí gur mar a chéile feidhm na caointeoireachta in Éirinn agus i dtíortha eile na hEorpa agus ar fud an domhain, is é sin feidhm riotuálach osnádúrtha: spiorad an duine mhairbh a aistriú ón saol seo go dtí saol na sprideanna. Is mar sin atá coitianta inniu féin ag pobail phágánacha ar fud an domhain. Ag cuid acu ní bhíonn d'fhocail sa chaoineadh ach siollaí gaoithe (*vocables*) agus ainm an duine mhairbh (Schneider 1960, 195). Is é an ceol, dar leo, an uirlis draíochta chun an fheidhm a chur i gcrích. An bhéim seo ar ainm an duine (ar mar a chéile é i gcúrsaí draíochta agus an duine féin), meabhraíonn sé dúinn an tuairisc a thug Proinsias Ó Catháin as Co. an Chláir ar an gcaointeoir:

> The Mourner ... commences by some deep murmuring, repeating over and over the name of the deceased, such as 'A Thomáis, a Thomáis, mo chumha is mo dhíth thú.' Then follows the Caoine or Irish cry ... (Keane 1874, 10).

Chuala mé tuairisc ó fhinné cluaise ar an ngnás céanna á leanúint ar an gCladach i gcathair na Gaillimhe san 20ú haois, i mBéarla, agus ainm an duine á chanadh arís is arís eile. Is í an ghairm seo atá le haithint ag tús an dreasa go minic in Caoineadh Airt Uí Laoghaire: 'A mharcaigh na mbánghlac', 'Mo ghrá go daingean tú', etc. D'fhéadfadh an caointeoir an ghairm a rá (is a athrá) nó í a chanadh, mar atá á léiriú ar an diosca (**rianta 1-3**).

2. Teach Airt Uí Laoghaire agus Eibhlín Dhuibh,
láimh le Maigh Chromtha, Co. Chorcaí.

3. Teach Airt Uí Laoghaire, halla tosaigh.

4. Tuama Airt Uí Laoghaire i Mainistir Chill Chré, Co. Chorcaí.

Le himeacht aimsire tháinig malairt bhéime ar fheidhm na caointeoireachta, is é sin an racht a ligean, cé gur fhan macalla den tseanfheidhm osnádúrtha leis i gcónaí, mar a léirigh Gearóid Ó Crualaoich (1989). Ón mbéim ar an racht a ligean a tháinig an dara céim sa dreas caointeoireachta, is é sin véarsa gearr filíochta (meadaracht roisc) 'partly extempore, partly prepared' (Joyce 1873, 59). An caointeoir aonair (bean ba mhinicí) a chanadh le seancheol reacaireachta, mar a bheadh cantaireacht ann (mórán siollaí ar an nóta céanna), neamhhornáideach de ghnáth, agus críoch thitimeach (*cadence*) ina dheireadh. Bhíodh leagan áitiúil den chineál seo ceoil i ngach dúiche, a bhíodh ar eolas ag cách agus a d'úsáidtí arís is arís eile. Uair ar bith a dteastaíodh uathu dreas caointeoireachta a dhéanamh, sin mar a dhéanaidís é. Ní hamhlaidh a bhíodh ceol ar leith le caoineadh ar leith. Níor tháinig anuas chugainn ach dhá dhreas de Chaoineadh Airt Uí

Laoghaire (1773) in éineacht le ceol traidisiúnta caointeoireachta (**rianta 2 & 3**). Ní féidir a mhaíomh gurbh é sin an ceol áirithe a bhí ag Eibhlín Dubh leo, ach ar a laghad ar bith ní miste glacadh leis gurbh é an *cineál* céanna ceoil é, i.e. ceol caointeoireachta. Ar an gcuma chéanna tá sé ag teacht ar fad leis an traidisiún dreas tosaigh Eibhlín (más fíor), 'Mo ghrá go daingean tú … ', a chanadh le ceol caointeoireachta as Co. Chorcaí, a fuair P.W. Joyce ó shagart ón dúiche sin, 'as he heard it scores of times' (Joyce 1909, 82; **rian 1**), nó mallacht athair Airt (más fíor) a chanadh le ceol caointeoireachta a tháinig anuas chugainn as Co. an Chláir (**rian 4**).

Ba é an gol an tríú céim – barrchéim ba dhóigh leat – den dreas caointeoireachta. An caointeoir a thosaíodh, ag deireadh an véarsa, agus thagadh an chuideachta ar fad isteach leis mar a bheadh 'Amen' acu (Campbell 1862, 163, Alba) lena raibh ráite sa véarsa, ag cur go mór le feidhm shóisialta an chaointe. Murab ionann is ceol an véarsa, ceol pléascach ardornáideach a bhíodh leis an ngol ('the Irish Cry' mar a deireadh na Sasanaigh), leagan áitiúil ar eolas ag cách, agus gan focail ar bith leis ach siollaí gaoithe ar nós 'och ochón' nó 'ululú', sa chaoi go raibh an pobal ag cur a gcroí amach i dtéarmaí ceoil amháin, guth a gcinn mar uirlis cheoil, mar a bheadh sa chaoineadh uirlise (cumha) ar an bpíb nó ar an gcruit. Is maith an seans gur chuid é an gol den chaoineadh bunaidh aimsir na págántachta, agus go dtí an 20ú haois is minic nach mbíodh i gceist sa chaoineadh ach an gol amháin (e.g. Ó Crualaoich 1989).

Fuair mé tuairisc an-luachmhar ó Tom Bheairtle Tom Ó Flatharta (Indreabhán, Co. na Gaillimhe) ar a mháthair féin ag caoineadh deartháirín leis a bhásaigh ina ghasúr dó: mar a bheireadh sí barróg ar bhall éadaigh leis – geansaí beag nó eile – nuair a thagadh an taom bróin uirthi, go ceann na míonna tar éis a bháis, agus go gcaoineadh sí mar sin é, idir insint chanta

agus ghol. Chuir Tom béim mhór ar an bhfaoiseamh a thugadh
sé seo di:

D'airigh mé í a' caoineadh deartháir 'om. Gasúr. Trí bliana. Agus
bhainfeadh sí deoir as na clocha glasa, an chaoi a d'airigh mé a'
caoineadh í. A' caoineadh, bhfuil fhios agat, a' cur síos ar a' chaoi
a raibh sé, ar na páistí agus chuile shórt. Agus ansin, nuair a
chaoineadh sí é … chuireadh sí guth leis, a' caoineadh — ní raibh
cion ar bith léi a' gabháil fhoinn — sheasfá sa sneachta ag éisteacht
léi — agus ansin bhí sí in ann a chaoineadh, ar an sean-nós, níos
fearr. Agus ansin nuair a bhíodh sí a' caoineadh, déaradh sí
'[o]chonó [o]chonó'. Bhíodh a' t-ualach uirthi agus nach [gach]
aon chor dá ndéanadh sí an caoineadh sin, chuireadh sí a' t-ualach
trom sin amach dhi. Agus ansin arís, b'fhéidir faoi cheann píosa
ina dhiaidh, thosódh sí ag caoineadh arís. Agus marach gur …
chaoineadh sí é, agus chuireadh sí a' t-ualach sin dhi, bheadh sé sin
fanta uirthi, agus bheadh sí i bhfad níos measa arís. Agus chonaic
mé í théis a' gcur fhéin, chaoineadh sí é nuair a thagadh sé ina
hintinn … Agus má tá fhéin, bhfuil fhios agat go ndéanadh sé
maith dhi: bhíodh a' t-ualach curtha aici dhi. Bheadh sí i bhfad
níos measa anois dhá mbeadh sí gan é a chaoineadh. Bheadh (Ó
Madagáin 1993, 257-8).

Sa tseanaimsir dhéanadh na huaisle a gcuid marbh a
chaoineadh chomh maith le cách. Bhásaigh Ó Conchúir Donn,
Doiminic, sa bhliain 1795; blianta fada ina dhiaidh sin
d'fhoilsigh Sir William Wilde (seanchomharsa le muintir
Chonchúir i gCo. Ros Comáin) cuimhne cinn a choimeád aintín
leis, ar an tórramh agus ar dheirfiúr leis an duine marbh, Jane, á
chaoineadh:

My aunt, who died several years ago at a very advanced age,
remembered having seen her coming to "cry" her brother
Dominick, when he was "laid out" in the barn at Clonalis (Wilde
1878, 245, n. 1).

Tá fianaise againn ón 19ú haois go ndéantaí caoineadh, chomh maith, ar ócáidí dóláis eile seachas an bás. Thug Pádraig Ua Duinnín tuairisc leis ó na seandaoine ar mhná ag caointeoireacht nuair a tháinig an dubh thar oíche ar na prátaí, le linn an Ghorta:

> Ritheadh na mná amach ar fuaid na ngarraithe ar leath-bhuile ag bualadh a mbas, ag lógóireacht, is ag caoineadh a gcuid phrátaí mar a chaoinfidís na mairbh (Ua Duinnín 1905, 77).

Thug sé véarsa amháin caointe dúinn dá leithéid sin:

> Ochón mo mhairg!
> A Dhia na bhflaitheas
> Tóg suas chugat m'anam
> Ná fág mé in easpa
> Ná mo pháistí dealbh
> I gcomhair an earraigh.
>   [Och ochón!]

Is féidir an véarsa sin a chanadh go nádúrtha le ceann de na foinn chaointeoireachta a tháinig anuas chugainn le dreas de chaoineadh Airt Uí Laoghaire (**rian 5**).

Sa leabhar beag céanna tá cuntas ag an Duinníneach ar an óganach ag dul go Meiriceá. 'Ba chosúil le lá is oíche thórraimh an lá is an oíche roimhe … ', a deir sé. 'B'uaigneach é scread na máthar is í ar tí scarúint go bráth lena hiníon nó lena mac ceanasach,' rud a léiríonn sé le sampla: véarsaí croíbhriste caointe agus comharthaí na fírinne ar na véarsaí féin:

> Mo ghrá is mo stór tú!
> Ba bhreá is ba chórach
> Tú ag gabháil an bhóthair
> Do b'álainn fónta
> Do thráchtfá ar eolas
> Na ndámh 's na ró-fhlaith.
>   [Och ochón!]

Ní fhágfad póirse
Ón Máigh go hEochaill
'S ó Thrá Lí an óir bhuí
Go hArd na gCóisreach
Gan tráchtadh i d' dheoidhse.
    [Och ochón!]

Do cháil ba mhór é
'Measc mná do pharóiste
Ar aird is ar eolas
Mo chrá mo scóladh
Tú ag gabháil chun streo uaim
I mbláth na hóige.
    [Och ochón!]

Ochón m'ochlán guirt
Is mo chumha ná tráchtfainn
Is tinn an lá san
Is duairc do d' mháthair
'Tá buartha cráite
'S a leanbh grámhar
Gan maoin gan fáltas
Dá luascadh ar lán-mhuir
Inniu 's amárach
'S go ceann leath-ráithe.
    [Och ochón!]

Ochón mo sceimhle
Nuair lasfad soillse
I gcomhair na hoíche
Gan tusa taoibh liom
Ag labhairt go híseal
Go cneasta mín liom
Gan troid ná bruíonta.
    [Och ochón!]

A bhán-chnis bhéasach
Na malaí gcaola
Go bhfuil ciall is éifeacht
Agat in éineacht
A' bhfágfair féin mé
I d' dhiaidh i m'aonar
'S an bás do m'éileamh
Gach lá de m' shaolsa?
        [Och ochón!]

(Ua Duinnín 1905, 55-56)

Is féidir na véarsaí sin a chanadh leis an dara fonn caointeoireachta a tháinig anuas chugainn le dreas de Chaoineadh Airt Uí Laoghaire, leis na leasúcháin thraidisiúnta (**rian 6**).

I gcuimhní cinn Jeremiah Curtin, béaloideasóir, tá an tuairisc seo a leanas:

> The migration of 1892 had begun ... At a station near Limerick we witnessed a most pathetic scene. A woman, not less than eighty years old, was clinging to her grandchildren, or perhaps they were her great-grandchildren, a young man and woman, and was wailing as at a funeral. She realized that she was seeing them for the last time (Curtin 1940, 457).

Is é is dóichí gur ag caointeoireacht a bhí sí.

MARBHNA

Murab ionann agus an caoineadh, déantús léannta ab ea an marbhna. Duine mar chách a dhéanfadh dreas caointeoireachta as a sheasamh; file léannta a chaithfeadh am agus allas leis an marbhna. Anuas go dtí an 17ú haois, nuair a bhí an taoiseach tar éis bháis, dhéanfaí é a chaoineadh, chomh maith le duine, ag an tórramh agus ag an tsochraid. Ach ba é dualgas an fhile chúirte marbhna a chumadh i gcomhair ócáid chuimhneacháin a bheadh ann tamall tar éis a churtha. A rogha meadaracht a bheadh ann, ceann ar bith de mheadarachtaí siollacha na bhfilí – deibhí nó rannaíocht nó eile. Ba é ceird an reacaire an marbhna a chanadh i láthair an teaghlaigh, mar a dhéanadh sé dánta eile an fhile a chanadh, agus an cruitire ag déanamh tionlacain leis. Fiú tar éis na gcéadta bliain den Chríostaíocht, níor cheart feidhm osnádúrtha (págántachta agus laochais) a chur as áireamh don ghnás seo, go háirithe agus filíocht is ceol is uirlis cheoil i gceist. Tá téacsanna na scórtha marbhnaí ón aimsir sin i dtaisce sna lámhscríbhinní againn, ach níl ceol le téacs ar bith acu, ach oiread is atá le téacsanna de chineál ar bith eile. Níor ghnáth ceol a scríobh. Chomh maith leis sin, ní móide go mbíodh ceol ar leith le marbhna ar leith (ach oiread leis an gcaoineadh) – ná, is dócha, le dán ar bith de dhéantús na bhfilí. Tá fianaise ann go n-úsáidtí an ceol céanna arís is arís eile chun dánta éagsúla a chanadh, go fiú dánta difriúla go maith ó chéile (e.g. **rianta 10 & 11**) agus go mbraithfeadh sé sin ar *repertoire* an reacaire laistigh den traidisiún.

Ina dhiaidh sin go léir, b'fhéidir go bhfuil fianaise neamhdhíreach againn ar cheol na reacairí. Faoin 18ú haois bhí deireadh le ré na seantaoiseach agus na seanfhilí. Filí páirtaimsire a bhí ann feasta, nach raibh oiliúint na scoileanna filíochta orthu, ach a bhí ar a ndícheall ag iarraidh traidisiúin an tseanléinn a choimeád beo. Sa bhliain 1739 bhásaigh Donnchadh Mac Cárthaigh, ceann an teaghlaigh a raibh cónaí orthu i gCaisleán Bhaile Aodha i gCo. Chorcaí go dtí Plandáil Chromail, agus chum an file áitiúil marbhna air – ba shin é Seán Ó Murchadha na Ráithíneach (1700-62). Lasmuigh den mheadaracht aiceanta (in áit mheadaracht shiollach na seanfhilí), marbhna den seandéanamh é seo, go fiú dúnadh ag an

5. Caisleán na gCárthach, Baile Aodha, Co. Chorcaí.

deireadh. Tá go leor cóipeanna den téacs sna lámhscríbhinní ach gan tagairt ar bith do cheol iontu, ní lú ná mar a bhíodh riamh. Sa bhliain 1851, áfach, chuala P.W. Joyce an marbhna seo á chanadh ag Phil Gleeson, feirmeoir, Cúil Fraoigh, Co. Luimnigh, agus scríobh síos an ceol uaidh (**rian 7**). Ní ceol amhráin é seo ach cineál cantaireachta. Más é seo an ceol nó an cineál ceoil a bhí ag an bhfile féin leis an marbhna (mar ba dhóichí), cár mhóide ná gurbh iarsma é den traidisiún a bhí á choimeád beo aige ón tseanaimsir? Tháinig dornán samplaí eile anuas chugainn den cheol marbhna seo, ach gur soiléire tréith na cantaireachta iontu a dhealaíonn amach iad níos mó fós ó cheol amhráin. Marbhna a chum Diarmuid na Bolgaighe Ó Séaghdha (c. 1755-1846) ar bhás Mhic Fhinghin Duibh (Sylvester Ó Súilleabháin, ceann a theaghlaigh i nDoirín, láimh leis an Neidín i gCo. Chiarraí) in 1809, tháinig sé anuas chugainn sa bhéal beo faoi dhá leagan den chineál céanna ceoil (**rian 8**). Sampla eile is ea leagan den mharbhna ar Úna Bhán (17ú haois) a mhair sa bhéal beo i gConamara agus atá ar an gceirnín *Deora Aille* ag Máire Áine Ní Dhonnchadha, a thosaíonn le 'Na cheithre Úna, na cheithre Áine, na cheithre Máire is na cheithre Nóra' (**rian 9**). Rud suntasach sna samplaí seo ar fad is ea an nóta reacaireachta (*reciting note*) agus an chríoch thitimeach. I gcás dhá shampla acu (**rianta 7 & 8 (i)**), bhí curfá fós á chanadh ag deireadh gach véarsa nuair a scríobhadh síos iad: 'í-ú-í-ú-í-ú' agus 'seothó binn binn binn' – freagra, ba dhóigh leat, na cuideachta, mar a bhí sa chaoineadh. Ní miste glacadh leis gur chuid é seo de ghnás an mharbhna, agus gur ligeadh i ndearmad é i bhfad na haimsire i gcás 'Úna Bhán' agus eile (curtha ar ais, dá bhrí sin, sa léiriú anseo, **rian 9** etc.).

In imeacht an 18ú haois thosaigh cuid de na filí ag cumadh marbhnaí le ceol na n-amhrán (grá nó eile); an marbhna a rinne Seán Ó Tuama (1708-75), mar shampla, ar bhás a charad Seán Clárach Mac Domhnaill (1754), is é fonn a luaitear leis sna lámhscríbhinní ná 'Ar Éirinn ní neosainn cé hí'. Ní gá a rá go bhfeileann na véarsaí agus an fonn dá chéile go pointeáilte (**rian 24**). Chuir an file feartlaoi le deireadh an mharbhna mar ba choitianta an uair sin i gCúige Mumhan, mar cheangal. Malairt mheadarachta, áfach, atá san fheartlaoi, mar ba ghnáth, agus na línte i bhfad níos faide inti, sa chaoi nárbh fhéidir í a chanadh leis an bhfonn atá luaite. Má bhí an fheartlaoi le canadh, rud is dóichí mar bhuaic ar an marbhna, níor mhór malairt cheoil a úsáid. Is suntasach go bhfuil gaol idir meadaracht na feartlaoi agus an cineál meadarachta atá tríd síos sa mharbhna do Mhac Fhinghin Duibh, (**rian 8 (i)**) sa chaoi gurbh fhéidir an fheartlaoi a chanadh go lán-nádúrtha le ceol an mharbhna sin Mhic Fhinghin Duibh, críoch oiriúnach agus blas marbhnach air (léirithe mar sin, **rian 24**). An cineál sin meadarachta na línte fada, ba í ba ghnáthaí ar fad sna feartlaoithe agus i gcuid de na ceangail lasmuigh den mharbhna.

Laoithe Fiannaíochta
agus Iomann

Tá tuairisc ardluachmhar againn ó Eoghan Ó Comhraí mar gheall ar a athair (Eoghan Mór, 'sang Irish songs better than any man I ever knew') ag canadh laoithe Fiannaíochta: 'I remember distinctly the air (sic) and manner of their singing'. Is soiléir ón tuairisc go n-úsáideadh an t-athair an fonn céanna i gcomhair na laoithe éagsúla a bhí aige, rud atá ag teacht le fianaise eile as Éirinn agus as Albain ar chanadh na laoithe. Chomh maith leis na laoithe siollacha seo, chanadh an t-athair sean-iomann siollach leis an bhfonn céanna:

> I do not remember having heard any other poem sung to the air of these Ossianic pieces but one, and that one is a beautiful ancient hymn to the Blessed Virgin … My father sang this hymn, and well too, almost every night, so that the words and the air have been impressed on my memory from the earliest dawn of life … The air of this hymn is not popular; I never heard it sung but by my own father. I know it myself very well … (O'Curry 1873, iii, 392-3).

Is féidir a thaispeáint (Ó Madagáin 1983) gurb é iomann a bhí i gceist ná 'Sciathlúireach Mhuire', agus go bhfuil an ceol mar ba chuimhin le hEoghan Ó Comhraí é i dtaisce i gceann de lámhscríbhinní a charad George Petrie i Leabharlann Náisiúnta na hÉireann, sa chaoi gur féidir focail an iomainn (Ó Longáin 1802-30, 69, luaite ag Ó Comhraí) a chur ar ais leis an gceol (**rian 10**). Is cosúil gurbh í laoi Fiannaíochta a d'úsáid Ó Comhraí chun canadh na laoithe leis an gceol seo a léiriú do Phetrie ná 'Laoi Chnoc an Áir' (**rian 11**). Duine é Eoghan Mór

Ó Comhraí (1744-1825) a bhí tumtha sa traidisiún, agus is fianaise é seo uaidh, ón 18ú haois, más teoranta féin í, ar chanadh na seanmheadarachtaí siollacha.

Amhráin Oibre

Cé nár tháinig ach beagán amhrán oibre anuas chugainn, ní hé sin le rá nach raibh páirt an-mhór acu i saol na ndaoine. A mhalairt a bhí fíor, ach gur tháinig meathlú mór ar na hamhráin oibre sular thuig bailitheoirí gurbh fhiú a bheith leo. An Gorta Mór a bhain an t-anam as na daoine, mar a scríobh Seán Ó Donnabháin, ag triall ar chara leis sa bhliain 1848: 'Never was Ireland in such a state as at present: you would not hear a song, a laugh or a whistle from anyone' (O'Donovan 1848). Agus ba é an 'awful unwonted silence' seo a spreag George Petrie chun *The Ancient Music of Ireland* a fhoilsiú sa bhliain 1855 (Petrie 1855, xii). An beagán amhrán oibre a tháinig anuas chugainn, áfach (a bhuíochas do Phetrie agus do bhailitheoirí eile), is geall le fuinneog iad ar ghnáthshaol na ndaoine agus ar an bpáirt mhór a bhí ag an gceol ann. Mar a dúirt bean liom faoina muintir féin in Oileán Barra fadó: 'Ba chuma cad a bhíodh idir lámha acu, ní bhíodh stad orthu ach ag gabháil fhoinn.'

Feidhm na rithime an fheidhm ba shoiléire leis an amhrán oibre, cibé acu obair aonair nó obair ghrúpa a bhí ann. Cloisimid rithim an bhainne isteach sa soitheach san amhrán crúite as Co. an Chláir (**rian 12**) agus comhbhualadh na loine le linn an mhaistridh san amhrán cuiginne (**rian 14**). Níorbh aon dóichín é an maistreadh, mar ba chuimhin le Pádraig Ua Cnáimhsí é agus é ina bhuachaill aimsire ar fheirm i dTír Chonaill:

> Sa tsamhradh, chaithfinn an bainne a bhualadh dhá lá sa tseachtain … Cuinneog mhór ard a bhí acu agus chuirinn ina seasamh í i lár an urláir leis an mhaistreadh a dhéanamh. Bhí cathaoir agam le

seasamh uirthi le linn domh a bheith ag bualadh an bhainne … Ba ghnách liom seasamh ar an chathaoir seo, breith ar an loine agus coinneáil liom ag bualadh go dtí go mbriseadh an bainne ramhar sa chuinneog. Obair mhaslach a bhí anseo domhsa, nó ní raibh bealach agam cuidiú a fháil ó aon duine sa teach (Ua Cnáimhsí 1988, 45).

6. Ócáid amhrán na cuiginne; Bean Uí Nia, Garomna, Co. na Gaillimhe.

An t-amhrán cuiginne a chuireadh malairt chrutha ar an obair, de réir chuimhne Ealasaid Chaimbeul uirthi, laetha a hóige in Oileáin Thiar na hAlban:

Abradh sibhse, nuair a thigeadh latha a' mhaistridh mun cuairt, gum biodh othail an sin. 'Se crannachan dhen tseann fhasan a bh'againne … Bhitheamaid an impis a dhol as ar cnàmhan feuch cò gheibheadh greis den loinid. Cha robh aig aon againn ach bloigheachas den rann, 'Thig, a chuinneag, thig', a bhiodh mo mhàthair a' cleachdadh aig am a' mhaistridh, ach a dh'aindeoin sin 's 'na dhà dhèidh, bha faothachadh làidir ann (Caimbeul 1982, 3).

Abair thusa, nuair a thagadh lá an mhaistridh timpeall, go mbíodh fuadar ansin. Cuinneog den seanfhaisean a bhí againne. Ba bheag ná go mbímis ag dul as ár gcnámha féachaint cé gheobhadh greas den loine. Ní raibh ag éinne againn ach blogh den rann, 'Tar, a chuinneog, tar', a bhíodh mo mháthair ag cleachtadh ag am an mhaistridh, ach dá ainneoin sin is ina dhiaidh, bhí faoiseamh láidir ann.

Go fiú cineálacha oibre nach raibh rithim rialta leo ó nádúr – meitheal ag sábháil an fhéir, mar shampla – chuir an t-amhrán eagar ar an obair, chomh maith le hardú meanman agus dea-aoibh a chur ar an mbuíon oibre. Ba chuimhin leis an Athair Pádraig Ó Cearbhaill déanamh an fhéir laetha a óige i gCo. Luimnigh ag deireadh an 19ú haois (áit a raibh an Ghaeilge beo go dtí le gairid roimhe sin agus macalla di i gcónaí sna sean-amhráin oibre):

I used to feel a kind of wild gaiety … as I formed one of the long lines of men that turned over the hay rows … And they all kept in musical step as they chanted, 'Wet side up, dry side down.' And I shouted as loud as any of them (Carroll 1943, 183-4).

Obair throm á hiompú ina hócáid spóirt, go háirithe agus daoine in ann – mar a bhí coitianta – casadh a bhaint as véarsaí an amhráin mar mhagadh ar chuid den chomhluadar. An cineál sin magaidh spórtúil ar a chéile a bhíodh i gceist sna hamhráin agallaimh nó lúibíní a chanadh na cailíní agus na mná (mar a dhéanaidís in Albain, leis) nuair a bhailídís le chéile in aon teach amháin ar son na cuideachta agus iad ag sníomh, ag cardáil nó ag cniotáil etc. Samplaí is ea 'Ululú mo mháilín', as Co. Luimnigh (**rian 15**) agus 'Maileo léró' as Co. an Chláir (**rian 16**). D'fhág Proinsias Ó Catháin (Co. an Chláir, 1874) ocht gcinn dá leithéidí seo d'amhráin i dtaisce againn i lámhscríbhinn in Acadamh Ríoga na hÉireann agus an tuairisc spéisiúil seo leo:

This melodramatic amusement is very popular among the female peasantry ... These dialogues are sung in parts [sections] by the women when spinning, knitting, sewing, etc., to some curious old Irish airs. The women assemble by appointment in certain houses to discharge the '*comhar*' or mutual co-operation which they have agreed upon; but in all cases the work is cheerfully accompanied by a musical dialogue, one commencing the dialogue, another replying, usually with the intervention of a chorus to afford time to prepare an extempore verse in succession. And thus the dialogue is prolonged by two successive singers – praising or dispraising the young men whose names are introduced, until they have all sung their parts to their own amusement, as well as to the gratification or otherwise of the young men and the rest of their audience (Keane 1874; O'Sullivan 1924, 37-8).

Chuala Séamus de Chlanndiolúin a leithéid ar siúl i dTír Chonaill: 'Not long ago I heard a number of girls mending nets in a shed at Bunbeg, Co. Donegal, lighten their work in this manner ... ' (Ní Annagáin & de Chlanndiolúin 1925, 28).

Tá tuairisc againn ó Mhairéad Nic Dhonnchadha ar lúibíní ar siúl lena cuimhne féin i gCarna:

Bhíodh mná ag casadh lúibíní agus slua acu le chéile ag baint charraigín, ag cardáil, ag sníomh nó ar buaile. Ba mhinic iad ag samhailt chleamhnais lena chéile. Mar shampla:- 'Sóra mhíle grá',

'Sambó éile', 'Aba ba búna', 'Im bó a chumainn', 'Chuaigh mo mháilín ar iarraidh', 'Máimín máimín maidin chiúin cheo' (Nic Dhonnchadha 1995, 98).

Agus d'fhág Tomás Ó Broin cuntas spéisiúil againn ar a leithéid ar bun i Mionlach, láimh le cathair na Gaillimhe, díreach roimh an Dara Cogadh Domhanda:

Nuair a rachadh na mná i dteach ar leith dhóibh [f]héin leis an oíche a mheath, b'fhada uathu a bheith gan siamsa. I leaba scéalaíochta is ag amhránaíocht agus ag portaíocht is mó a bheidís sin. Ag an am céanna, ba ghnách luainn de shaghas eicínt a bheith ar bun acu, cárdáil nó cniotáil. Bhí dúil mhór acu a bheith ag comórtas le chéile ag cumadh lúibíní. Fearacht 'Déanamh an Bhríste', séard a bheadh sa lúibín amhrán réidh-cheaptha a bhféadfadh gach bean leath-cheathrúin de a chumadh ar a seal, nó réir mar gheobhadh sí an deis. Ar chúrsaí grá is cleamhnaisí is mó labhróidís. Bheireadh an lúibín ligean dóibh le leidí agus goineóga a thabhairt dá chéile. Bhíodh cuid de na lúibíní seo fite le chéile go han-ghreanta … Níorbh ionann fonn ná curfá dóibh, ach bhí mórán an leagan-amach céanna orthu ar fad, agus gairtí 'lúibíní', mar chnuas-ainm dhóibh uiliug (Ó Broin 1955, xxvii-xxviii).

Tá pictiúr an-spéisiúil de 'Spinning Party' i leabhar Coulter, *The West of Ireland* (1862) — féach lch 30 anseo. Is léir ón bpíobaire agus ón bhfear fliúite sa phictiúr seo go mbíodh ceol uirlise ar na hócáidí seo chomh maith, agus d'fhág Standish Hayes O'Grady (a rugadh i gCo. Luimnigh sa bhliain 1832) tuairisc againn go mbíodh lámhscríbhinní Gaeilge á léamh amach 'in farmers' houses on occasions when numbers were collected at some employment such as wool-carding in the evenings' (O'Grady 1857, 29). Ba chuimhin le Lady Gregory píobaire a bheith ag seinm le linn lomairt na gcaorach i dteach a muintire i gCo. na Gaillimhe, agus ní miste glacadh leis go mbíodh amhráin lomartha in Éirinn leis, faoi mar a bhíodh in Albain.

7. Mná ag sníomh in iarthar na hÉireann, 1846; ócáid lúibíní.

Rud suntasach sna hamhráin seo ar fad ab ea na siollaí gaoithe, go háirithe sa churfá. Sampla atá ar eolas ag cách is ea 'Ding dong didilum' a bhí in amhrán an ghabha. Glactar leis de ghnáth go bhfuil na siollaí sin ann ar mhaithe leis an rithim, ag treisiú uirthi. Is fíor go bhfuil an éifeacht sin leo. Tharlódh, áfach, go bhfuil brí níos bunúsaí leo agus gur macalla iad ar bhunús na n-amhrán seo sa tseandraíocht. Is léir ón gcomparáid idirnáisiúnta gur shíolraigh an t-amhrán oibre ar fud an domhain ó ghnáis chanta na draíochta d'fhonn rath a chur ar an obair agus dea-thoradh a chinntiú, feidhm atá coitianta inniu féin san Oirthear agus san Aifric le linn treafa nó síolchuir etc. Ní mór leo fórsaí dorcha dothuigthe an dúlra a cheansú. Is é macalla ba shoiléire dár chuala sa Ghaeltacht ar thuiscint dá leithéid sin ná freagra mífhoighdeach na seanmhná in Oileán Barra nuair a d'fhiafraíos di go neamhbhalbh cén fáth ar chan sí amhrán cuiginne le linn an mhaistridh: 'Airson tuilleadh ime fhaighinn, gur teagamh', focal, ní mór a rá, a bhí ag teacht le curfá an amhráin: 'Thig, a chuinneag, thig' ('Tar, a chuinneog, tar'). Is í gnáthfhoirmle na hortha draíochta riamh anall ná foirmle ghaoithe (teanga na sprideanna, mar dhea), athráiteach, cantaireachta (Combarieu 1978, 13). An ceol an uirlis teagmhála le saol na sprideanna. Curfá gaoithe athráiteach na n-amhrán oibre againne, feileann sé an fhoirmle sin go pointeáilte; is é is dóichí gur macalla é an curfá sin ar an ortha bhunaidh agus gur níos déanaí a tháinig na véarsaí cainte (nuair a bhí dearmad déanta ar fheidhm na draíochta, b'fhéidir).

San amhrán crúite atá againn as Co. an Chláir, 'Grá mo chroí mo bhó bheag dhílis' (**rian 12**), tá an crúiteoir (bean ba ghnáth) ag caint go ceanúil leis an mbó, á cur ar a suaimhneas (d'fhonn gur mhóide an tál a dhéanfadh sí). Ach ar deireadh gach véarsa bhí crónán simplí cantaireachta: 'ú-í-í-ú'. Is suntasach gurbh iad seo na siollaí gaoithe céanna a chanadh an treabhdóir Sasanach míle bliain ó shin (Lloyd 1967, 91-2) ag deireadh an ghnáis torthúlachta lenar thosaigh sé an treabhadh (bonnóg aráin choirce á chur faoin gcéad fhód etc.). Pobail feirmeoireachta, tumtha sa phisreogacht (mar a bhí ar fud na hEorpa go dtí an 19ú haois), níor mhór leo gnáis draíochta a chleachtadh go háirithe timpeall ar rúndiamhair na beatha nua: leis an treabhadh agus le cur an tsíl. In Éirinn, roimh an nGorta, bhí na ceolta fós ag na treabhdóirí, feadaíl nó fonnadóireacht, agus cé go raibh réasúnú dá gcuid féin acu orthu, ba dheacair a shéanadh nár mhacalla iad ar sheanghnáis phisreogachta. Seo an pictiúr breá a d'fhág P.W. Joyce againn ar an gcleachtadh i nGleann Oisín:

> While ploughmen were at their work, they whistled a peculiarly wild, slow and sad strain, which had as powerful an effect in soothing the horses at their hard work as the milking-songs had on the cows. Plough-whistles also were quite usual down to 1847 [an

Gorta Mór]: and often when a mere boy, did I listen enraptured to the exquisite whistling of Phil Gleeson on a calm spring day behind the plough (Joyce 1903, i, 591).

8. Ócáid an amhráin treafa.

Tá cuid mhaith samplaí againn de na feadanna seo (e.g. Petrie 1855, 28-30, 132; 1882, 46). Chuireadh an treabhdóir guth orthu chomh maith, agus tá an t-ádh linn go bhfuil sampla amháin againn dá leithéid (**rian 13**) a scríobh Petrie síos (agus Ó Comhraí ag cuidiú leis, gan dabht) ó fheadaíl agus ó fhonnadóireacht Thaidhg Mhic Mhathúna, seantreabhdóir as Cill Mhuire Mhic Mhathúna i gCo. an Chláir (Wall 1962). Is suntasach gurb é rud is mó atá ann ná na siollaí gaoithe 'Hóbó hóbobobó' á gcanadh arís is arís eile, agus beagán focal extempore mar mhagadh ar bhean an tí atá mall ag teacht leis an dinnéar. Ceol simplí cantaireachta atá ann, a bhfuil cuma na haoise go rábach air.

Más fíor go bhfuil cosúlacht na pisreogachta ar na hamhráin oibre – agus ní féidir dul níos cruinne ná sin orthu – tá fianaise áirithe ann go raibh feidhm dá leithéid sin chomh maith leis an seoithín seó, is é sin an leanbh a chosaint ar an aos sí. Sa dán 'Cranna Foirtil' le Máirtín Ó Direáin (1957) ríomhann sé na baill ortha a chuireadh a mháthair timpeall ar a chliabhán féin ina leanbh dó, dúirt sé liom, mar dhídean i gcoinne na sióg: an tlú iarainn, ball éadaigh de chuid athair an linbh, etc. Ba choitianta an gnás é sin anuas go dtí tús an 20ú haois. Dhearbhaigh an Dr Seán Ó hEochaidh dom gurbh í tuiscint cuid de na seanmhná le linn a óige féin i dTír Chonaill go raibh an fheidhm chéanna leis an seoithín seó, is é sin mar ortha chosanta i gcoinne na sióg, 'agus dá dheise is dá bhinne is dá uaigní is dá bhrónaí a chanfaí í is ea ba mhó an buaí a bheadh inti mar chosaint.' An dearbhú céanna agam ó Annie Eoghain Éamoinn (Ní Ghallchóir) as Dobhar in iarthuaisceart Thír Chonaill, go raibh an tuiscint sin ag daoine aimsir a hóige féin. An curfá athráiteach gaoithe a bhíonn sa seoithín seó (**rianta 17 & 18**), a thuigtear anois mar bhréagadh ar an leanbh, tá dealramh an-mhór aige le seanfhoirmle na draíochta, sa chaoi nach mór an cheist a chur an í sin a bhí ann ón tús, níos túisce ná na véarsaí. Dá chomhartha sin, b'fhéidir, tá roinnt seoithíní seó againn nach raibh iontu sa traidisiún aimsir a mbailithe ach na siollaí gaoithe sin agus 'as tú mo leanbh' mar eireaball leo (Joyce 1873, 74), nó, go han-suntasach, 'gabh amach tú a b(h)ogha' (Costello 1923, 65-7). Is rómhinic an t-aos sí á lua sa seoithín seó, agus i gcás an tsampla ardspéisiúil 'A bhean úd thíos ar bhruach an tsrutháin' (**rian 17**), as cathair Luimnigh, is é duine atá in ainm a bheith ag canadh ná máthair óg a fuadaíodh leis an aos sí le bheith ina máthair chíche ag leanbh dá gcuid féin; tá sí anois ina seasamh i ndoras an tsiáin, agus faoi scáth seoithín seó a chanadh leis an leanbh sí ina baclainn, tugann sí oideas a fuascailte do bhean níocháin ar bhruach an tsrutháin in aice láimhe. Níl ach aon líne amháin ceoil ann, á rá arís is arís eile, de cheol an-simplí reacaireachta, a bhfuil dealramh na haoise air, agus na siollaí gaoithe leis an líne chéanna. D'aithin P.W. Joyce (1873, 67) go raibh dealramh áirithe ag ceol na seoithíní seó le ceol na gcaointe agus na bhfeadanna treafa. B'fhéidir go raibh níos mó i gceist sa dealramh sin ná cúrsaí 'expression', a luaigh Joyce, agus gurbh amhlaidh a bhain na trí aicme seo, ó thaobh struchtúir, leis an seancheol dúchais, murab ionann agus ceol na n-amhrán grá ón iasacht.

Amhráin Ghrá
agus Foinn Ghaolmhara

Struchtúr Eorpach (foirm na sonáide níos déanaí) atá ar cheol na n-amhrán grá e.g. 'Péarla an bhrollaigh bháin' (**rian 30**) a bhfuil AABA mar dhéanamh air. Is é is dóichí gur tháinig an struchtúr sin go hÉirinn ó thraidisiún na Fraincise (leis na hAngla-Normannaigh) agus ó thraidisiún an Bhéarla (leis na Sasanaigh, agus leis na hAlbanaigh go háirithe). Níorbh é sin le rá nach ndearna na Gaeil a gcuid féin den chineál seo ceoil Eorpaigh, ach gur choimeád siad an struchtúr — má bhain siad casadh féin as — sa chaoi gurbh é sin feasta bunús an ghnáthamhráin, grá nó eile, murab ionann agus na seancheolta 'dúchais', más fíor, atá luaite thuas: caointe (is marbhnaí), feadanna treafa (is roinnt amhrán oibre eile) agus seoithíní seó, chomh maith leis an mbeagán ceolta atá againn le dánta sna seanmheadarachtaí siollacha.

Ón 18ú haois anuas tá go leor fianaise againn ar an gcoibhneas a bhí ag an bhfilíocht is ag an gceol le chéile: gurbh aonad ealaíne iad ag an bhfile, ag an bhfonnadóir agus ag an lucht éisteachta (Ó Madagáin 2000). Dá mba é an file féin é agus é i mbun ceapadóireachta, ba é an gnáthrud aige an ceol a roghnú ar dtús — seanfhonn a bheadh ar eolas ag a lucht éisteachta — agus a chuid véarsaí a chur leis an gceol sin. (Eisceacht ab ea leithéid Chearbhalláin, cruitire, a chumadh idir cheol is véarsaí, ach is suntasach go leanadh sé an t-ord céanna: ceol ar dtús, agus na véarsaí a chur leis (O'Sullivan 1958, i, 40). Dá thoradh sin, feileann na focail agus an ceol go lánbheacht dá chéile, agus más tuisceanach an rogha a rinne an file, beidh an fhilíocht is an ceol ag labhairt as béal a chéile; mar a dúirt Edward Walsh:

> One striking characteristic in the flow of Irish verse must principally claim our notice – namely, the beautiful adaptation of the subject to the song measure – the particular embodiment of thought requiring, it would seem, a kindred current of music to float upon … The particular tune so exquisitely chosen by the Irish lyrist, seems the natural gait of the subject, whatever that may be … (Walsh 1883, 12, 29).

Braithimid an t-aonad ealaíne seo go mór san aisling a chum Eoghan Ruadh Ó Súilleabháin, 'Mo léan le lua' (**rian 20**), gur gheall le héacht aige mar a d'aontaigh sé a chuid focal leis na nótaí ceoil, 'as if the very words created the tunes'; mar a dúirt Somhairle Mac Gill-eain: 'Whether they did or not, they very often seem to, which is the ultimate test' (Mac Gill-eain 1985, 120, ag caint faoi amhráin i nGaeilge na hAlban). Éistimis le hEoghan Ruadh, go háirithe agus é ag leanúint chasadh an cheoil san amhrán sin (cuid B den AABA), mar a chuireann sé sraith de shiollaí gearra sa dá líne:

Is gach Ionna-bhile borab-chuthaigh tréan-chumais d'fhás
De bhrolla-stoc na sona-chon do phréamhaigh ón Spáinn

ag comhfhreagairt na nótaí *staccato* ceoil agus ag críochnú i gcontrárthacht orthu sin leis an siolla fada aonair ('d'fhás', 'Spáinn') agus béim air sa cheol agus san fhilíocht araon. Aon teanga amháin ealaíne, agus nach iad a lucht éisteachta a gheobhadh blas uirthi!

Is maith mar a roghnaigh Aindrias Mac Craith an ceol uaigneach lenar chuir sé 'Slán le Máigh' (**rian 25**). Tá dearbhú againn ó George Petrie (ar údarás Eoghain Uí Chomhraí) gurbh é sin 'the air to which it was written' (Petrie 1855, 163). Faraor, an fonn is minicí a chloistear anois leis, níl aon bhaint stairiúil aige le dán an Mhangaire (Ó Madagáin 1986, 84).

Maidir leis na ranna nó na ceathrúna ócáideacha a chaitheadh daoine chun a chéile – níorbh iad na filí amháin a dhéanadh é – tá go leor fianaise ann go ndéantaí a leithéidí sin a rá nó a aithris. Sa leabhar *Búrdúin Bheaga* míníonn Tomás Ó Rathile (1925, 44) an teideal:

> *Búrdúin* is the technical name for poems in stress-metre which are not intended to be sung, as distinguished on the one hand from *amhráin*, 'songs' … and on the other from *dánta*, 'poems in the older syllabic metres'.

Ina dhiaidh sin, áfach, tugann John O'Daly le tuiscint go ndéantaí a leithéidí a chanadh, uaireanta pé scéal é. In *The Poets and Poetry of Munster* (1849, 72) tugann sé an ceol (más leagan uirlise féin é) a bhí le rann a chum Seán Ó Tuama mar gheall ar ógbhean álainn a bhí sa chomharsanacht: 'I m'aice cois Mháighe' (**rian 22**). D'éagmais an cheoil, ní bheadh sa cheathrú seo ach rann beag neamhshuntasach gan aird. Mar aonad leis an bhfonn – agus an ceol ag treisiú ar ghutaí aiceanta na meadarachta tríd síos, *legato* agus *staccato* araon – is seoidín beag ealaíne é a chorródh duine, mar a chorraigh sé Aindrias Mac Craith; is cosúil gur chuala an Mangaire é á chanadh ag an Tuamach, mar chum sé freagra air leis an gceol céanna (op. cit. 74). Cumarsáid cheoil.

An file féin, is cosúil, a chanadh a dhán ar dtús (in áit an reacaire fadó) má bhí sé sin ar a chumas. Riocard Bairéad, mar shampla, in Iorras (c. 1740-1819), chum sé dán ceiliúrtha, 'Tháinig dís chun an tsaoil', nuair a rugadh cúpla do Sally, bean an Chaptaein Seán Ó Murchú, captaen loinge; 'the poem was sung by himself at the baptism,' a deir Patrick Knight linn, 'The air is a delightfully fine one' (Williams 1978, 113). Bhí aithne phearsanta ag James Hardiman ar Raifteirí (d'éag 1835) agus deir sé linn (De hÍde 1933, 30):

> (He) played the violin tolerably and was accustomed to recite his own poems [gan cheol, is cosúil] as well as other old compositions, and to sing his own songs accompanied by the music of his violin [in áit an chruitire!].

Dhéanadh Tomás Ruadh Ó Súilleabháin (comhaois le Raifteirí) in Uíbh Ráthach an cleas céanna: ní hamháin go gcanadh sé a chuid amhrán féin ach, 'he always accompanied his own songs on the violin' (Ó Fiannachta 1914, 17).

Amhráin Extempore

Níorbh annamh bua a bheith ag an bhfile, in Éirinn agus in Albain, amhrán a chumadh as a sheasamh, extempore, go háirithe nuair a bhí sé corraithe. Dá chomhartha sin tá dearbhú againn ina láimh féin ó Sheán Ó Murchadha na Ráithíneach faoin dán (34 líne) 'Is aiteas i mbriathraibh':

> An tan do pósadh Toirdhealbhach Ó Briain, Scairt a' Bharraigh, le Mairgréag, iníon Ghearóid de Barra an Doire Léith, do chanas an beagán so extempore 'na bhfochair thiar (Torna 1954, 162).

An fhilíocht amháin a bheadh extempore, á iompar ag seanfhonn ceoil a bheadh ar eolas ag daoine. Tá tuairisc finné cluaise againn ('Mr. James Sugrue ... a relation of the poet') ar a leithéid á chanadh ag Tomás Ruadh Ó Súilleabháin:

> The news suddenly arrived in his father's home that Father Brasby had become a Protestant clergyman. The poet, who was present, refused at first to believe the story, but when reassured he walked up and down the kitchen singing his satire ... (Ó Fiannachta 1914, 18-19, 71)

i.e. 'A Bhrasby, taoi ar buile' (**rian 31**) le fonn 'Caitlín Triall'. Sampla eile ón bhfile céanna is ea 'Do b'annamh dom féinig' (**rian 32**):

> He was a guest at a wedding in Cahirciveen, the bridegroom hailing from Sneem. During the festivities it was whispered that the happy bridegroom was a man of intemperate habits ... The news reached the bride's ears. 'Who started the calumny?' she asked, 'let the slanderer come forth: it must be the young postman'. Tomás tuned his violin – he always accompanied his own songs

with the violin – and gave, extempore, the song 'Do b'annamh dom féinig'– a piece scarcely calculated to soothe the wounded feelings of the happy pair (Ó Fiannachta 1914, 17, 74).

Tugtar faoi deara a oiriúnaí atá an ceol (fonn 'Síle Ní Ghadhra') do scigmhagadh na véarsaí. Ní fada ó dúirt seanduine liom i gCúil Aodha, Co. Chorcaí, go n-úsáidtí an fonn sin sa cheantar anuas go dtí a linn féin chun magadh a dhéanamh faoi dhuine!

Amhráin Bheannaithe

Bhíodh ceolta na n-amhrán grá in úsáid chomh maith céanna i gcomhair na n-amhrán beannaithe. Sa tuairisc a thug Tomás Mac Síthigh dúinn ar amhráin bheannaithe á gcanadh sa séipéal i Lios Póil, Co. Chiarraí, sna tríochaidí den 19ú haois; deir sé:

> Bhí sé de nós an uair úd i Lios Póil, Dé Domhnaigh, an pobal a bheith ag canadh amhráin bheannaithe. Bhíodh Mícheál 'ac Síthigh [a shin-sheanathair] ag canadh sa tséipéal. Bhíodh foinn Ghaelacha acu leis na hamhráin, mar 'Chailín Deas Crúite na mBó', agus 'Éamonn an Chnoic' (Mac Síthigh 1984, 124).

Ba shin é socrú na bhfilí féin. Nuair a chuir an tAthair Pádraig Ua Duinnín eagar ar *Amhráin Thaidhg Ghaedhealaigh Uí Shúilleabháin*, thug sé na tagairtí, mar a bhí sna lámhscríbhinní agus sna seaneagráin, do na foinn a raibh siad le canadh leo, agus dhearbhaigh gurbh é sin socrú an fhile: 'He took the ordinary airs that the people sang, and married them indissolubly to sacred song' (Ua Duinnín 1903, 16). An té a chuirfeadh véarsaí 'Mo ghrá-sa mo Dhia', mar shampla, le fonn 'Éamonn an Chnoic', ba léir dó nárbh fholáir nó bhí an file ag leanúint an cheoil sin nuair a bhí na línte á gcumadh aige, agus a chruinneas is a phointeáltacht atá na focail ag freagairt do na nótaí ceoil (**rian 33**). Is spéisiúil é, leis, focal an Duinnínigh faoin díograis lena gcantaí na hamhráin sin: 'Some twenty years ago ... snatches of the much-loved lyrics were sung with an enthusiasm of which ... we can form no adequate idea' (1903, 17).

Tá tagairtí againn do chuid de na filí ag canadh a gcuid amhrán beannaithe féin; Tomás Ruadh Ó Súilleabháin, deirtear linn gur chaith sé na trí lá dheiridh dá shaol ar a leaba i mBán Ard, ag saothrú an bháis, 'and while articulate he sang sacred songs composed by himself' (Ó Fiannachta 1914, 24). Agus Diarmuid na Bolgaighe is é ar leaba a bháis, chuir sé fios ar a chomharsa, Muircheartach Ó Séaghdha, ag iarraidh air an aithrí a bhí cumtha aige a scríobh síos: 'Thosnaigh Diarmuid á chanadh agus thosnaigh Muircheartach á scríobh ... ' (An Seabhac 1932, 268).

Amhráin Pholaitiúla

Thuig an tAthair Pádraig Ua Duinnín, óna thaithí féin ag éirí suas i nGaeltacht Shliabh Luachra sa 19ú haois, gur mhóide éifeacht na filíochta an ceol a bheith ag treisiú uirthi. Ag cur síos ar aislingí le hEoghan Ruadh Ó Súilleabháin – a bhí fós á gcanadh go siombalach blianta fada tar éis ré na Stíobhartach (e.g. **rianta 20 & 21**) – deir sé:

> (They) have had a profound influence on the social and political outlook of the people. They found their way into the dwellings of rich and poor, in valleys and uplands, bearing with them the balm of melody for wounded souls and the comforts of a seer's prevision of deliverance for the degraded and oppressed (Ua Duinnín 1929 25).

Cuireann sé béim ar an gcroíúlacht a bhain leo agus a lean iad: 'One of his Aislingí sung with fervour never failed to rouse enthusiasm'. Is bríomhar an tuairisc a thugann sé dúinn uair eile ar an gcorraí seo:

> An té thabharfadh fá ndeara líon tí de Ghaelgeoiribh ag éisteacht le hamhránaí is é ag canadh aislinge éigin do chum Eoghan Ruadh, abair 'Mo léan le luadh is m'atuirse', nó 'Ag taisteal na Blarnan', agus thabharfadh fá ndeara an t-uaigneas agus an dólás croí, an t-áthas, an fhearg, an bhuile do ghabhann i ndiaidh a chéile an líon tí sin, an té thabharfadh sin uile fá ndeara thuigfeadh sé gurbh é saothar na bhfile do bhuanaigh tréithe na nGael sa Mhumhain is do choimeád sruth na Galldachta ón ndoras againn … (Ua Duinnín 1907).

Amhrán Macarónach

Thug John O'Daly tuairisc dúinn ar an amhrán macarónach (i nGaeilge agus i mBéarla) a deirtear a chum Donnchadh Ruadh Mac Con Mara (1715-1810) agus é i dTalamh an Éisc, 'As I was walking one evening fair':

> Having one evening met at a public-house with a party of English sailors ... he sang the following song, extempore, to the great amusement of the Irish present, and indeed to that of the English, though the latter understood but part of it, while the former chuckled in comprehending the entire (O'Daly 1849, 5).

Ní fios cén ceol a bhí ag Donnchadh Ruadh leis, agus mar sin, ní miste dúinn gnás an traidisiúin ina leithéid de chás a leanúint agus é a chanadh le fonn is dóigh linn a bheith oiriúnach dó, mar atá á léiriú ar an diosca (**rian 34**).

Ó BRUADAIR AGUS Ó RATHILE

Na píosaí a bhí i gceist go dtí seo, lasmuigh d'uimhir 34, is féidir a áiteamh go bhfuil údarás an traidisiúin againn, go díreach nó go neamhdhíreach, leis na ceolta atá leo ar an diosca: údarás an bhéil bheo, nó na lámhscríbhinní, nó urrús na sean-údar ar nós Eoghain Uí Chomhraí. I gcás uimhreacha 35-7, áfach, bonn tuairimíochta atá leis na seancheolta áirithe sin a chur le dánta de chuid Uí Bhruadair agus Uí Rathile: iarracht ar an gceist a fhreagairt, má bhí ceolta in úsáid ag na filí sin, cén *cineál* ceoil ba dhóichí a bheadh acu? Níl amhras ná go gcantaí dánta de chuid Aodhagáin; 'I heard some snatches of his most musical songs, sung by my mother', a deir an tAthair Pádraig Ua Duinnín (1929, 20). Is mór an trua nár thug sé a thuilleadh eolais dúinn faoi na 'most musical songs' seo, ó tharla nár tháinig aon cheann acu anuas chugainn in éineacht le ceol. Dá éagmais sin, tá triail déanta anseo ar sheancheolta a chur le dhá shampla, 'Mac an Cheannaí' agus 'Gile na gile' (**rianta 36 & 37**), bunaithe go háirithe ar chúrsaí meadarachta. An bhfuil seans ann gurbh iad seo na buncheolta a bhí leo? Níl a leithéid as an áireamh, nó ar a laghad ar bith ní caol an seans gurbh é seo an *cineál* buncheoil (Ó Madagáin 2000, 95-8). Tá triail den saghas céanna déanta ar dhán de chuid Dháibhí Uí Bhruadair, 'Suim purgadóra bhfear nÉireann' (**rian 33**), tharla gur traidisiún reacaireachta a fuair sé le hoidhreacht is le hoiliúint sna scoileanna filíochta.

AESTÉITIC AN PHOBAIL

Ní miste glacadh leis go ndeachaigh áilleacht an cheoil i bhfeidhm ar an bpobal chomh maith le saibhreas na filíochta. Is annamh ar fad, áfach, a bhíodh fiúntas nó áilleacht an cheoil ina ábhar tagartha ar leith. Is ríluachmhar, dá bhrí sin, an breithiúnas pobail atá againn ar cheol an amhráin 'An buachaill caol dubh' (**rian 38**), arís ó bhéal údarásach Eoghain Uí Chomhraí. Deir Petrie linn:

> It is in Munster … that it is best known and most esteemed, being, as by friend Mr. Curry tells me, there ranked as one of the finest tunes they possess, if not the very finest one (Petrie 1855, 19).

Ní dóigh liom go mbeadh breithiúnas an lae inniu difriúil puinn leis sin, rud atá an-spéisiúil.

TÉACSANNA

Véarsaí samplacha as gach píosa atá ar an diosca mar léiriú ar an gceol.

1. Caoineadh Airt Uí Laoghaire (i)
2. Caoineadh Airt Uí Laoghaire (ii)
3. Caoineadh Airt Uí Laoghaire (iii)
4. Caoineadh Airt Uí Laoghaire (iv)
5. Caoineadh ar na prátaí dubha
6. Caoineadh na máthar ar a hiníon ag dul go Meiriceá
7. Marbhna ar Dhonnchadh Bhaile Aodha Mac Cárthaigh
8. Marbhna Mhic Fhinghin Duibh
9. Marbhna ar Úna Bhán
10. Iomann: Sciathlúireach Mhuire
11. Laoi Chnoc an Áir
12. Amhrán crúite: Crónán na bó
13. Amhrán an treabhdóra
14. Amhrán maistridh
15. Lúibín: Ululú mo mháilín
16. Lúibín: Maileo léró
17. Seoithín seó: A bhean úd thíos ar bhruach an tsrutháin
18. Seoithín seó: Do chuirfinnse féin mo leanbh a chodladh
19. Seoithín seó Eoghain Ruaidh Uí Shúilleabháin
20. Aisling: Mo léan le lua
21. Aisling: I Sacsaibh na séad
22. Ceathrú aonair: I m'aice cois Mháighe
23. Amhrán polaitíochta: Uaill-chumha na Féinne
24. Marbhna ar Sheán Clárach Mac Domhnaill

1. Caoineadh Airt Uí Laoghaire (i)

Dreas tosaigh, a deirtear, ag Eibhlín Dubh.

Ceol: Joyce 1909, 82, 'From the Rev. Fr. Gaynor of Cork, as he heard it scores of times'. Ceol an ghoil ('och ochón'): Joyce 1873, 59-60, 'The following melody, which I learned long long ago, by repeatedly hearing it, may be considered a very characteristic specimen'.

> Mo ghrá go daingean tú!
> Lá dá bhfaca thú
> Ag ceann tí an mhargaidh
> Thug mo shúil aire dhuit
> Thug mo chroí taitneamh duit
> D'éalaíos ó m'athair leat
> I bhfad ó bhaile leat.
> [Och ochón!]

2. Caoineadh Airt Uí Laoghaire (ii)

Deirfiúr Airt, a deirtear, a chan.

Ceol: De Noraidh 1965, 28, ó Mháire Bean Uí Chonaill, Baile Mhúirne, 1941. Freagra Eibhlín amháin a bhí ag Bean Uí Chonaill (mar atá thíos), ach is é is dóichí go gcanfaí an freagra le ceol an achasáin, mar ba ghnáth. Ceol an ghoil ('och ochón'): Joyce 1873, 60.

> Is mó bean chúmtha chórach
> Ó Chorcaigh na seolta
> Go droichead na Tóime
> 'Thabharfadh macha mór bó dhuit
> Agus dorn buí-óir duit
> Ná raghadh a chodladh ina seomra
> Oíche do thórraimh.
> [Och ochón!]

[Freagra Eibhlín]

Mo chara croí is m'uain tú
Is ná creidse an duain sin
Ná an cogar a fuairis
Gur a chodladh a chuas-sa
Ní hea a uainigh
Ach ag cur do leinbh chun suainis
Do bhí ró-bhuartha.
    [Och ochón!]

3. Caoineadh Airt Uí Laoghaire (iii)

Eibhlín Dubh, a deirtear, a chan ar ócáid an athadhlactha, i
mainistir Chill Chré.
Ceol: De Noraidh 1965, 28, ó Labhrás Ó Cadhlaigh, An Rinn,
1940. Ceol an ghoil ('och ochón'): Joyce 1873, 60.

A mhná na súile bog
Stadaigí in bhúr ngol
Go bhfaigh' mo lao geal deoch
Roimh é dhul isteach sa scoil
Is ní ag foghlaim léinn ná port
Ach ag iompar cré agus cloch.
    [Och ochón!]

4. Caoineadh Airt Uí Laoghaire (iv)

Athair Airt, a deirtear, a chan.
Ceol: Petrie 1855, 187, fonn caointeoireachta 'noted from the
playing of Frank Keane, a native of the southern part of the
county of Clare in which secluded district he had learnt it from
the singing of the women' (cóiriú an fhonnadóra).

A Mhorrisín léan ort
Fuil do chroí is t'ae leat
Do ghlúine réabtha
Do shúile caochta
A mhairbh mo lao-sa
Is gan aon fhear in Éirinn
A ghreadfadh na piléir leat.
     [Och ochón!]

5. Caoineadh ar na prátaí dubha

Ceol: De Noraidh 1965, 28, fonn caointeoireachta (cóiriú an fhonnadóra).

Ochón mo mhairg!
A Dhia na bhflaitheas
Tóg suas chugat m'anam
Ná fág mé in easpa
Ná mo pháistí dealbh
I gcomhair an earraigh.
     [Och ochón!]

6. Caoineadh na máthar ar a hiníon ag dul go Meiriceá

Ceol: De Noraidh 1965, 28, fonn caointeoireachta (cóiriú an fhonnadóra).

Ochón mo sceimhle!
Nuair 'lasfad soillse
I gcomhair na hoíche
Gan tusa taoibh liom
Ag labhairt go híseal
Go cneasta mín liom
Gan troid ná bruíonta.
     [Och ochón!]

7. Marbhna ar Dhonnchadh Bhaile Aodha Mac Cárthaigh (1739)

Seán na Ráithíneach a chan.

Ceol: Joyce 1909, 20-21, 'From the whistling and singing of Phil Gleeson [Cúil Fraoigh, Cill Fhíonáin, Co. Luimnigh] … which he learned … from older people'.

Osna agus éacht na hÉireann tríd an dtreoir
Orchra daor is créim d'fhuil Mhíleadh mhóir
Torchartha tréith i gcré ina luí fén bhfód
Donnchadh tréan Bhaile Aodha mo mhíle brón!
    í-ú-í-ú-í-ú

Is brón is is cumha trí Mhúscraí trasna go préimh
Stór na ndúichí i gclúid faoi leacaibh go faon
Pór na bprionsaí d'úrchraoibh Chaisil na Récs
I ngleo nárbh iontaoibh ionsaí a phearsan le faobhar.
    í-ú-í-ú-í-ú

Faobhar is fuiling is fuinneamh is fíoch nár thláth
Tréin-neart cuisleann is mire nár claíodh go bás
Féile cumann is tuiscint le linn an gháidh
Sin tréithe an bhile is mo mhilleadh-sa a ghníomhartha ar lár.
    í-ú-í-ú-í-ú

I lár a mhaitheasa is mairg do chaill an triath
Ráib na gaisce an faraire feidhmghlic fial
Nár fhág a charaid ar thearamann cladhaire riamh
I sráid i gcathair ná i gcarcair fé ghreim gan riar.
    í-ú-í-ú-í-ú

8. Marbhna Mhic Fhinghin Duibh (1809)

Diarmuid na Bolgaighe Ó Séaghdha a chan.

Ceol, dhá leagan: leagan (i) anseo as O'Sullivan 1921, 20-23, ó bhéal Phádraig Uí Shéaghdha, dúiche Dhoirín; leagan (ii) anseo as Freeman 1920-21, 200-03, ó Pheig Ní Dhonnchadha, dúiche Bhaile Mhúirne.

(i)

M'osna trí Luimneach Connacht is Cléir faoi chumha
Is go Corcaigh na loingeas tar uisce dá dtéinn anonn
Ár gcosantóir cumais fear ionaid na laoch fuair clú
Is gan dearmad laige na cruinne go léir san úir.
    Seothó binn binn binn

Clú agus ceannas is acmhainn ón Rí comhachtach
Do bhíodh i d' ghlaice is fearta ón rí cóige
Níl dún ná cathair faoi ghlasaibh ag Rí Seoirse
Nach dúch i d'easpa is na bailte go síorbhrónach.
    Seothó binn binn binn

Is brónach atuirseach ón gCeachain go Léim Lárach
Is buartha Banba ó Chaiseal go Béal Bearnais
Tá dúichí Chairbre ar lasadh is níl scéimh áthais
I dtuath Ráth Chathail mar ar cailleadh ár laoch láidir.
    Seothó binn binn binn

(ii)

San úir ó cuireadh binn mhór agus scéimh na Mumhan
Gur dúch gach duine agus gur imigh ár gcléir bun os cionn
Ár ngiúistís cuithigh ár mbreitheamh a réadh ár gcúis
Ár gcaraid ár gcoiste ár gcuspa is ár laoch fuair clú.

9. Marbhna Úna Bhán (17ú haois)

Tomás Láidir Mac Coisteala a chan.

Ceol na véarsaí: bunaithe ar Mháire Áine Ní Dhonnchadha 1970. Ceol 'í-ú' etc., Joyce 1909, 20-21 (cóiriú an fhonnadóra).

A Úna Bhán a bhláth na ndlaoi ómra
Thar éis do bháis de bharr droch-chomhairle
Féach a ghrá cé acu ab fhearr den dá chomhairle
A éin i gcliabhán, is mé in Áth na Donóige.
　　[í-ú-í-ú-í-ú]

A Úna Bhán ba rós i ngairdín thú
Ba choinleoir óir ar bhord na banríona thú
Ba cheiliúr is ba cheolmhar ag gabháil an bhealaigh seo
　　romham thú
Is é mo chreach maidne brónach nár pósadh liom thú.
　　[í-ú-í-ú-í-ú]

Is trua gan mise i m' phréachán dubh
Go dtabharfainn an ruaig úd suas ar leath-fhalla an chnoic
Mo gha gréine i mbarr fréime ag casadh faoi shruth
Is mo ghrá féin ar gach taobh dhíom á castáil dhom.
　　[í-ú-í-ú-í-ú]

Dá mbeadh píopa fada cailce agam is tobac a bheith ann
Tharraingeoinn amach é is chaithfinn de mo sháith
Is maith a d'inseoinnse dhíbhse cé gcónaíonn Úna Bhán
I gCill Bhríde* i gCrích Mhaigh Chill mo chreach is mo chrá.
　　[í-ú-í-ú-í-ú]

*Áit a curtha i gCo. Ros Comáin.

10. Iomann: Sciathlúireach Mhuire

Meadaracht shiollach (rannaíocht bheag scaoilte), 16ú-17ú haois (?).

Ceol: Stanford-Petrie 1905, uimhir 1205, ó bhéal Eoghain Uí Chomhraí, óna athair (1744-1825); Ó Madagáin 1983, 71-86.

> Is urra mé do d' mholadh
> Cé nach ollamh mé um éigse
> A ghnúis ainglí gan lochta
> Tug sú t'ochta do m' réiteach.
>
> Tiomnaim mé fá d' chomairc
> A bhuime mhuirneach an Aon-mhic
> Is fá d' scéith dídean mo chorp
> Mo chroí mo thoil is m'éifeacht.
>
> A theampaill na dtrí bpearsan
> Athair Mac is Naomh-Spioraid
> Gairim thú do m'fhortacht
> Uair mo bhreatha is m'éaga.
>
> A shoithigh iompair an lóchrainn
> Atá soilseach os cionn gréine
> Tarraing mé fá d' dhíon i gcuan
> As loing diombuan an tsaogail.

11. Laoi Chnoc an Áir

Ceol: Stanford-Petrie 1905, uimhir 1205, ó bhéal Eoghain Uí Chomhraí, óna athair (1744-1825); Ó Madagáin 1983, 71-86.

> Cnoc an Áir an cnoc so thiar
> Go lá an bhráth' beidh dá ghairm

A Phádraig na mbachall mbán
Ní gan fáth a tugadh an t-ainm.

12. Amhrán crúite: Crónán na bó
Ceol: O'Sullivan 1922, 13, ó Frank Keane as Co. an Chláir,
1874, 194.

Grá mo chroí mo bhó bheag dhílis
Bheir go líonmhar uaithi lionn
Mar thug sí roimhe seo dá cuallacht ionúin
Bleacht úr aoibhinn scoth na bhfionn.
    ú-í-í-ú

Do shiúil mé an sliabh duit go moch nuair d'éiríos
D'fhéachain an bhfaighinn tú romham sa tslí
Is glasra úra agam i gclúid duit
Le gean is dúthracht do m' bhó bheag ghroí.
    ú-í-í-ú

Níl bó in Éirinn go mór le chéile
Is fearr i scéimh-chruth snas is snua
A ceann beag néata is gnaoi le héinneach
Mo bhó bheag féin is breátha úth.
    ú-í-í-ú

Is cneasta béasach do sheasaíonn taobh liom
Is a leamhnacht scéitheann le sochar trom
An t-árthach néata go gcuirtear taobh léi
Líontar éasca é le lionn nach gann.
    ú-í-í-ú

Níl trioblóid éigin dá mbíonn ar éinneach
Ná scaipeann sé ón gcroí go deo

Is tinneas géar-loit galar is aostacht
Cuireann le chéile iad chun siúil mar cheo.
  ú-í-í-ú

Mo bhó bheag aonta ó táimse réidh leat
Fágaim féin agat mo mhíle slán
Beannacht Dé leat pé aird a dtéann tú
Is nár bhaine baol duit ná fós mícháin.
  ú-í-í-ú

13. Amhrán an treabhdóra
Ceol: Stanford-Petrie 1902-5, 1055, ó Thadhg Mac Mathúna,
treabhdóir, Cill Mhuire Mhic Mhathúna, Co. an Chláir;
O'Sullivan 1960, 37.

Hóbó hóbo bobó
Hóbó hóbo bobó
Hóbó hóbo bobó
Hóbó hóbo bobó
Brod is buail is tiomáin
Láirín rua na droch-mhná
Do chos ar an gcéacht a Thomáis
Is féach 'bhfuil ár ndinnéar ag teacht.

[Freagra Thomáis] Tá sé dhá bhaint.

Hóbó hóbo bobó (4)
Brod is buail is tiomáin
Láirín rua na droch-mhná
Do chos ar an gcéacht a Thomáis
Is féach 'bhfuil ár ndinnéar ag teacht.

[Freagra Thomáis] Tá sé ag teacht.

Hóbó hóbo bobó (4)
Hób a héin is tiomáin
Láirín rua na dea-mhná
Scoir na capaill a Thomáis
Anois tá ár ndinnéar ag teacht.

14. Amhrán maistridh: Amhrán na cuiginne
Ceol: Ó Tuama 1969, vi, 16.

Grá mo chroí mo bhuachaillín ceannasach
Grá mo chroí gach lá sa tseachtain é
Grá mo chroí go deo an fhaid mhairfead é
Grá mo chroí mo bhuachaillín deas.

Buail buail buail a bhuachaillín
Buail buail buail agus gread
Buail buail buail a bhuachaillín
Buail buail agus buailfeadsa leat.

Bíonn mo stór go ceolmhar aiteasach
Ag casadh na mbó is á seoladh abhaile chugam
Ag seasamh ar stól ag bualadh an bhainne liom
Is deas is is néata a bhuaileann sé greas.

Buail buail buail etc.

15. Lúibín: Ululú mo mháilín
Ceol: Joyce 1873, 46.

Ululú mo mháilín mo mháilín a goideadh uaim
Ululú mo mháilín mo mháilín a goideadh uaim

Ululú mo mháilín mo mháilín a goideadh uaim
Ululú mo mháilín mo mháilín a goideadh uaim.

Cad a bhí i d' mháilín do mháilín a goideadh uait?
Cad a bhí i d' mháilín do mháilín a goideadh uait?
Bhí min is plúr is prátaí sa mháilín a goideadh uaim
Is misleáin bhlasta bhreátha sa mháilín a goideadh uaim.

Ululú mo mháilín mo mháilín a goideadh uaim. (4)

16. Lúibín: Maileo léró
Ceol: Petrie 1855, 84, ó Thadhg Mac Mathúna, Co. an Chláir, agus ó Eoghan Ó Comhraí.

Maileo léró is im bó néró
Shiúil mé an choill le héirí an lae ghil
Maileo léró is im bó bán.

Maileo léró is im bó néró
Ar Sheán Ó Cearúil a thug tú an réim sin
Maileo léró is im bó bán.

Maileo léró is im bó néró
Gad ar a chom is é ag treabhadh na hÉireann
Maileo léró is im bó bán.

Maileo léró is im bó néró
A thoice gan mhúineadh bhí do sháith de chéile ann
Maileo léró is im bó bán.

17. Seothín seó: A bhean úd thíos ar bhruach an tsrutháin
Ceol: Petrie 1855, 73, ó bhéal Mary Madden, cathair Luimnigh.

A bhean úd thíos ar bhruach an tsrutháin
    Seothú leo seothú leo
An dtuigeann tusa fáth mo ghearáin?
    Seothú leo seothú leo
Is gur bliain is an lá inniu fuadaíodh mé do m' ghearrán
    Seothú leo seothú leo
Is do rugadh isteach mé i lios an Chnocáin
    Seothú leo seothú leo.

    Seoithín seoithín seoithín seoithín
    Seothú leo seothú leo
    Seoithín seoithín seoithín seoithín
    Seothú leo seothú leo.

Abair le m' chéile teacht amárach
    Seothú leo seothú leo
Is an choinneal chiarach i gcroí a dhearnan
    Seothú leo seothú leo
Scian choise duibhe a thabhairt ina láimh leis
    Seothú leo seothú leo
Is an capall tosaigh do bhualadh sa mbearnain
    Seothú leo seothú leo.

    Seoithín seoithín seoithín seoithín etc.

An luibh a bhuain 'tá i ndoras an leasa
    Seothú leo seothú leo
Mar shúil le Dia go raghainn leis abhaile
    Seothú leo seothú leo
Nó mura dtige sé fán tráth sin
    Seothú leo seothú leo

Go mbeadsa i m' banrín ar na mná seo
Seothú leo seothú leo.

Seoithín seoithín seoithín seoithín etc.

18. Seoithín seó: Do chuirfinnse féin mo leanbh a chodladh
Ceol: Petrie 1855, 145, P.W. Joyce a nótáil i nGleann Oisín, Co.
Luimnigh, ó bhéal Mrs. Cudmore.

Do chuirfinnse féin mo leanbh a chodladh
Is ní mar do chuirfeadh mná na mbodach
Fá shúisín bhuí ná i mbratlín bhorraigh
Ach i gcliabhán óir is an ghaoth dhá bhogadh.

Seoithín seó huil leo leo
Seoithín seó is tú mo leanbh
Seoithín seó huil leo leo
Seoithín seó is tú mo leanbh.

Codail a leinbh is gur ba chodladh slán duit
Is as do chodladh go dtugair do shláinte
As do smaointe do chroí nár chráitear
Is nár ba bean gan mhac do mháthair.

Seoithín seó etc.

19. Seoithín seó Eoghain Ruaidh Uí Shúilleabháin
Ceol: Joyce 1873, 77, ó bhéal Davy Condon, tuíodóir, Baile Uí
Argáin, Co. Luimnigh, 1853.

Seothó a thoil ná goil go fóill
Seothó a thoil ná goil aon deoir

Seothó a leinbh a chumainn is a stóir
'Tá ag sileadh do shúl is do chom gan lón.

Cad déanfad feasta le dalta de d' shórt
Gan braon i m' ballaibh ná beatha bhog shómhail
Éist a leinbh is tearmann gheobhair
Tá gréithe maithe agam beartaithe i d' chomhair.
    Seothó a thoil etc.

Do gheobhair a leinbh do m' thuiscint mar sheoid
An ga thug Aonghus tréan ina dhóid
Do mhac calma Uí Dhuibhne á dhíon ar thóir
Mar ba mhinic an Fhiann go dian ina dheoidh.

    Seothó a thoil etc.

Do gheobhair ina fhochair sin an lomradh óir
Thug Iáson tréan don Ghréig ar bord
Is an t-each caol cuthaigh mear cumasach óg
Do bhí ag Coin Chulainn, ceann urraidh na slógh.

    Seothó a thoil etc.

Do gheobhaidh tú fuílleach fíona is beoir
Is gach éadaí maithe ba mhaise dho d' shórt
Ach ó chím chugam do bhuime san ród
Ní gheallfad duais duit duain ná seoid.

20. Aisling: Mo léan le lua
Eoghan Ruadh Ó Súilleabháin a chan.
Ceol: Stanford-Petrie 1905, uimhir 1206; O'Sullivan 1960, 134.

Mo léan le lua agus m'atuirse
Is ní féar do bhuain ar teascannaibh
D'fhúig céasta buartha m'aigne
    Le tréimhse go tláth
Ach éigse is suadha an tseanchais
I ngéibheann chruaidh is in anacra
Go tréith i dtuathaibh leathan-Luirc
    Gan réim mar ba ghnáth
Is gach lonna-bhile borab-chuthaigh tréan-chumais d'fhás
De bhrolla-stoc na sona-chon do phréamhaigh ón Spáinn
Go cantlach faon-lag easbaitheach
Fá ghall-smacht ghéar ag danaraibh
An cam-sprot claon do shealbhaigh
    A saor-bhailte stáit.

Trí m' néall ar cuaird is ea dhearcas-sa
Réaltann uasal taitneamhach
Go béasach buacach ceannasach
    Ag téarnamh i m' dháil
Ba dhréimreach dualach daite tiugh
A craobh-fholt cuachach camarsach
Ag téacht go scuabach bachallach
    Léi in éineacht go sáil
Ina leacain ghil do bheartaigh draoithe éigse agus fáidhe
Gur sheasaimh Cúipid cleasach glic is gaetha ina láimh
Ar tí gach tréin-fhir chalma
Do thíodh ina ghaor do chealgadh
Tré 'r claíodh na céadta faraire
    I ndaor-chreathaibh báis.

Is béasach stuama d' fhreagair mé
Is í 'déanamh uaille is cathaithe
'Ní h-aon dár luais i d' starthaibh mé
    Gidh léir dom an táin

Is mé céile is nuachair Charalais
'Tá déarach duairc fé tharcaisne
Gan réim ná bua mar chleachtas-sa
    Mo laoch ó tá ar fán
Le feartaibh cirt an araid-Mhic fuair peannaid croise 's páis
Beidh scaipe 's rith ar ghalla-phoic do shealbhaigh ár stát
Ní danaid liom an aicme thug
Mo dhearca ag sileadh lachta tiugh
In anbhroid fén ama ag
    Gach saor-bhile sámh'.

Fé mar luadar seana-dhraoithe
Ag ríomhadh tuar is tairngreacht
Beidh flít i gcuantaibh Banba
    Fá fhéile Shan Seáin
'Tabhairt sceimhle 's ruaig' as fearann Choirc
Tar linntibh rua na farraige
Ar gach smíste mór-choirp Sasanaigh
    'S ní léan liom a bpráinn
Beidh gearradh claimhte 's scaipeadh truip is tréan-
    treascairt námhad
Ar gach ailp acu do chleachtadh punch is féasta san Pháis
Dob aite sult na ramhar-phoc
Ag cnead 's ag crith le heagla
Ná an reacaireacht so cheapadar
    Lucht féar-leagadh ar phá.

21. Aisling: I Sacsaibh na séad
Eoghan Ruadh Ó Súilleabháin a chan.
Ceol: Stanford-Petrie 1902-5, uimhir 1141, P.W. Joyce a nótáil
ó bhéal Joseph Martin, Cill Fhíonáin, Co. Luimnigh.

I Sacsaibh na séad i gcéin ó m' dhúchas
Fá bharra na gcraobh cois cé na stiúr-bharc
'S mé ag machnamh ar éag na bhflatha 's na laoch
I bhfearannaibh Chéin do túrnadh
Le danair i spéirling chuncais
Dá gcabhair cidh tréan mé i bhfiontar
Ag fearadh mo dhéar go lachtmhar le léan
Gan aiteas gan réim gan súchas.

Do dhearcas-sa réilteann ghréagach ghreanta
Ghlé bhí gasta gnúis-gheal
Banúil béasach béal-tais blasta
Céimeach cneasta cúmtha
Maisiúil méineach maorga measta
Aerach aibidh umhlach
'Na reathaibh ag téacht dob éadrom aistear
Taobh liom seal gur thuirling.

22. Ceathrú aonair: I m'aice cois Mháighe
Seán Ó Tuama a chan.
Ceol: O'Daly 1849, 72 (leagan uirlise is cosúil); Breathnach
1934, 141 (leagan amhránaíochta: 'An raibh tú ar an gCarraig?').

I m' aice cois Mháighe tá an mhánla bhéasach mhín
Is deise thar mnáibh 's is álainn spéiriúil í
A carn-fholt táclach breá deas dréimreach buí
Is gurb ise mo ghrá thar mnáibh 'bé in Éirinn í.

23. Amhrán polaitíochta: Uaill-chumha na Féinne
Seán Ó Tuama a chan.
Ceol: 'An Cnota Bán' luaite leis sa ls.; O'Daly 1849, 50.

Mo mhíle trua mo bhuairt mo bhrón
An sceimhle ruaig ár n-uaisle ar feo
Gan slí gan sua gan suairceas sóch
Gan laoi gan duain gan chnuas gan cheol
    Is é do léig mé do m' mhilleadh i gceas
    Is é do thraoch mo chuisle ar fad
        Uaisle Gael
        Fá chrua-smacht ghéar
    Ag cuain an Bhéarla dhuibh i nglas

Is é do líon mo chroí le brón
Gur aontaigh Críost a dtíocht i gcoróin
Na béir chuir Bíobla Chríost as cóir
'S nár ghéill do naoimh do dhlí ná d'ord
    Is é do léig mé etc.

24. Marbhna ar Sheán Clárach Mac Domhnaill (1754)

Seán Ó Tuama a chan.
Ceol na véarsaí: 'Ar Éirinn ní neosainn cé hí' luaite leis sa ls.; ó bhéal Nioclás Tóibín. Ceol na feartlaoi: O'Sullivan 1921, 20-3 (cóiriú an fhonnadóra). Ceol 'Seothó binn': Freeman 1920-I, 200-03 (cóiriú an fhonnadóra).

Go déanach is Phoebus fá neoll
    Ag suí dhom ar mhór-shleasaibh Máighe
Gan aon den treibh daonna i m' chomhair
    'S mo smaointe dá sheoladh chun fáin
Taobh leis an dtréan-abhainn mhór
    Dob aoibhinn a glór is a gáir
Cérbh aerach mo réimse is mo cheol
    Tig sceimhle den bhrón dubh i m' dháil.

Éigeas is céir bheach na n-eol
    Ár bpríomh-fhile óir-bheartach ard
Do réifeadh gach daor-cheast gan tóbhacht
    Dár scríobhadh in eolas na bhfáidh
Fear gléigeal ba tréitheach ceart cóir
    Ba dílse don choróin chirt gach lá
Anois éimse ortsa a Aonmhic na gcomhacht
    Do t' naomh-bhrogh go seolair ár Seán.

    Feartlaoi

I t' chlúid atá a lán-leac 's is brón don tslua
Fear súgach sámh sár-oilte ag seoladh suag
Ba chlú do dháimh ard-inis Fódla uair
An fionn-fhlaith Seán Clárach Mac Domhnaill uais.
    [Seothó binn binn binn]

25. Amhrán deoraíochta: Slán le Máigh

Aindrias Mac Craith a chan.
Ceol: Petrie 1855, 163-5, ó bhéal Eoghain Uí Chomhraí.

Ó slán is céad ón dtaobh seo uaim
Cois Máighe na gcaor na gcraobh na gcruach
Na stáid na séad na saor na slua
Na ndán na ndréacht na dtréan gan ghruaim
    Is och ochón is breoite mise
      Gan chuid gan chóir gan chóip gan chiste
      Gan suilt gan seod gan spórt gan spionnadh
        Ó seoladh mé chun uaignis.

Ó slán tar aon don té ná luaim
An bhán-chnis bhéasach bhéal-tais bhuach
Chuir tráth chun sléi' mé i gcéin am ruaig
Is í grá mo chléibh', bé in Éirinn cuach

Is och ochón etc.

Is fánach faon mé is fraochmhar fuar
Is támh-lag tréith 's is taomach trua
I mbarr an tsléi' gan aon monuar
I m' páirt ach fraoch is gaoth aduaidh
    Is och ochón mo bhrón mo mhilleadh
    Iomarca an óil is póga bruinneall
    Chuir mise le m' laethaibh gan fód gan fuithin
    Is fós gan iomad fuadair.

26. Aisling: Is fada mé i gcumha
Aindrias Mac Craith a chan.
Ceol: 'An craoibhín aoibhinn álainn óg' luaite leis sa ls.;
Breathnach 1934, 54.

Is fada mé i gcumha gan tnúth le téarnamh
    Go dubh-chroíoch tréith-lag tláth gan treoir
Do m' bascadh idir búir is do m' brú ag baothlaigh
    I lúib loim sléibhe fá bhráca an bhróin
Gan de charaid do m' chabhair ach Donn is a ghaolta
Do bheartaigh ar dtúis dom tuirling taobh leis
Go n-aithrisfeadh dúinn gach rún ba léir dó
    Le dúil ghrinn scléipe agus gairdeas ceoil.

D'aithris ar dtúis dúinn cúis na saor-fhlaith
    Go fiú suim a ngné agus fáth a ngleo
Is gur gairid bheas búir i ndúchas Fhéilim
    Is crú chaoin Éibhir táir gan treoir
Tá Caralus lonn is a chabhlach gléasta
Ag tarraing thar abhainn le cabhair dár saoradh
Is ní mhaithfidh sé bonn do chlann Luterius
    Is beidh foghlaí éigin tláith san tóir.

Sin agaibh ó thúis gach rún ba mhéin liom
      Is meabhraídh féin le cách mo sceol
Tagadh gach crobhaire ag cabhair le Séarlas
      Is togha claímh gléasta i láimh gach treoin
Sin agaibh an t-am agus gabhaidh le chéile
Preabaidh le fonn agus pleancaidh méith-Whigs
Leanaidh an fogha san ar dhream an éithigh
      Is ná hiompaíodh aon le scáth ón ngleo.

27. Aisling: Binn-Lisín aerach an Bhrogha
Brian Ó Flatharta a chan.
Ceol: O'Daly 1849, 202.

Lá meidhreach dá rabhas-sa liom féin
      Ar bhinn-Lisín aerach an Bhrogha
Ag éisteacht le binn-ghuth na n-éan
      Ag cantain ar ghéagaibh cois abhann
An breac taibhseach san linn úd faoi réim
      Ag rince sa ngaortha le fonn
Más tinn libhse radharc cluas nó béal
      Tá leigheas luath ón éag daoibh dul ann.

Níor chian dúinn cois dian-tsrúill na séad
      Nar mhian le fir Éireann dul ann
An tráth thriall an ghrian-mhilis bhé
      Go dian is í in éagruth go lom
A ciabh-fholt breá niamhrach go féar
      Ag fás léi-se roimpi is ina deáig
Ag rá a Bhriain dhil créad é an dian-ghol seo nír
      Do chiap mé go haeibh os mo cheann.

28. Amhrán grá: An cuimhin leat an oíche úd?

Ceol: Joyce 1873 23, 'noted down from the singing of Michael Dinneen, a farmer living in Coolfree, on the borders of Cork and Limerick.'; O'Sullivan 1960, 56.

An cuimhin leat an oíche úd
    Do bhí tú ag an bhfuinneog
Gan hata gan láimhne
    Do d' dhíon gan chasóg
Do shín mé mo lámh chugat
    Is do rug tú uirthi barróg
Is d'fhan mé i d' chomhluadar
    Nó gur labhair an fhuiseog.

A chumainn mo chroí istigh
    Tar oíche ghar éigin
Nuair luífid mo mhuintir
    Chun cainte le chéile
Beidh mo dhá láimh i d' thimpeall
    Is mé ag insint mo scéil duit
Is gurb é do chomhrá suairc mín tais
    Do bhain radharc flaithis Dé dhíom.

Tá an tine gan choigilt
    Is an solas gan mhúchadh
Tá an eochair faoin ndoras
    Is tarraing go ciúin í
Tá mo mháthair ina codladh
    Agus mise i m' dhúiseacht
Tá m'fhortún i m' dhorn
    Is mé ullamh chun siúil leat.

29. Amhrán grá: Péarla an chúil chraobhaigh

Richard Mór Cantillon a chan 1750.

Ceol: Petrie 1855, 184-5, ó P.W. Joyce 'who had learnt it from the singing of his father, at Glenosheen, in the county of Limerick; and its correctness has been verified by a notation of the air which I made myself from the singing of the poor blind woman, Mary Madden, from the same county.'

Ó slán leat a shiúr
Ní foláir dom bheith ar siúl
Le heagla do mhasladh
Is go gcaillfeá do chlú
Is go ndéarfaí go hard
Gur liom bhí do pháirt
A mhodhúil-bhean do gheall dom
Is do mheall mé mar chách.

Ar mo luí dhom aréir
Do smaoineas trí m' néall
Gur síofra chaith saighead liom
Is do mhill mé go haeibh
Cé gheobhainn sínte le m' thaobh
Go caoin is go faon
Ach Brídeach na rinn-rosc
Ó thaobh Locha Léin.

Do scríobhas-sa chugat
Go caoin is go ciúin
Litir faoi shéala
Chun éalaithe liom
A phéarla na lúb
Mura ndéanair-se siúd

Bead i m' shíofra i ngleannta
Nó i dteampall faoin úir.

30. Amhrán grá: Péarla an bhrollaigh bháin

Ceol: Petrie 1855, 10, 'exactly as noted down from Mr. Curry's singing of it, and as he had learnt it from the singing of his father (1744-1825) in his native home' (Dún Eatha, Co. an Chláir).

Tá cailín deas do m' chrá
Le bliain agus le lá
    Is ní fhéadaim a fáil le bréagadh
Níl aiste chlis le rá
Dá gcanaid fir le mná
    Nár chaitheamar gan tábhacht léi-se
Don Fhrainc nó don Spáinn
Dá dtéadh mo ghrá
    Go raghainn-se gach lá dá féachain
Is muran dúinn atá i ndán
An ainnir chiúin seo d'fháil
    Och Mac Muire na ngrás dár saoradh.

Is a chailín chailce bhláith
Dá dtugas searc is grá
    Ná tabhair-se gach tráth dom éaradh
Is a liacht ainnir mhín i m' dheáidh
Le buaibh is maoin ina láimh
    Dá ngabhaimis i t' áit-se céile
Póg is míle fáilte
Is barraí geal' do lámh
    Is é a n-iarrfainn-se go bráth mar spré leat
Is muran domh-sa 'taoi tú i ndán

A phéarla an bhrollaigh bháin
Nár thí mise slán ón aonach.

31. Amhrán extempore: A Bhrasby taoi ar buile
Tomás Ruadh Ó Súilleabháin a chan 1844.
Ceol: 'Caitlín Triall' luaite leis in Ó Fiannachta 1914, 71.

A Bhrasby taoi ar buile má thuigeann tú an phúir
Is Ifreann dúch do thuillis duit féin
Más fírinne a bhfuil acu de choiribh i d' chionn
Is miste an drúcht do sheasamh fén ngréin
Tá an saol so i d' choinnibh ó thugais do chúl
Le haon-Mhac na cruinne is le Muire na ndúl
Tá Parthas naofa i gconfadh chugat
Is is dona an cúrsa é agat-sa Lá an tSléibhe.

32. Amhrán extempore: Dob annamh dom féinig
Tomás Ruadh Ó Súilleabháin a chan.
Ceol: 'Síle Ní Ghadhra' luaite leis in Ó Fiannachta 1914, 74;
Breathnach 1934, 206-8.

Dob annamh dom féinig in aon chor bheith gnóthach
Ag athrú bréaga ná baoth-bhearta den tsórt san
Ní mé ghairm na scéalta thar mhaol-chnoic cé dóigh leo
Bhí deichniúr is céad ann is caoga le comhaireamh
        D'fhiosraíodar díomsa arbh fhírinne an sceol
        Nó an duine mar mhaíodar do bhí ag teacht ina dtreo
        'Níorbh aithnid a ghníomhartha dom' d'inseas-sa dóibh
'Ach gur chuala ag Máire é, ag Cáit is ag Nóra
Dá insint do Sheán is do Dhá is do Dhónall'.

33. Amhrán beannaithe: Duan an tSlánaitheora

Tadhg Gaedhealach Ó Súilleabháin a chan.

Ceol: 'Éamonn an Chnoic' luaite leis in Ua Duinnín 1903, 89; Ó Madagáin 1987, 17, 20; *Irisleabhar na Gaedhilge* 1889, 12.

> Mo ghrá-sa mo Dhia
> Mo gharda, mo lia
> Mo ghrá geal mo thiarna trócaireach
> Mo ghrá milis Críost
> Is gráim é le m' chroí
> Mo ghrá ar fad tú a Rí na glóire
> Mo ghrá-sa do shúil
> Mo ghrá-sa do shiúl
> Mo ghrá-sa do chlú is do chomhachta
> Mo ghrá tú le fonn
> Ciodh táim bun os cionn
> Is ná dearna mo chumha do chomhairle.

34. Amhrán macarónach: As I was walking one evening fair

Donnchadh Ruadh Mac Con Mara a chan.

Ceol: Ní fios cén buncheol. Cóiriú an fhonnadóra anseo, fonn 'Carrickfergus'.

> As I was walking one evening fair
> Is mé go déanach i mBaile Sheáin
> I met a party of English blades
> Is iad á dtraochadh ag a namhaid
> I sang and drank so brisk and airy
> With those courageous men of war
> Is gur bhinne liom Sasanaigh ag rith le foréigean
> Is gurb iad clanna Gael bocht a bhuaigh an lá.

Newfoundland is a wide plantation
	'Twill be my station until I die
Mo chrá go mb'fhearr liom bheith in Éirinn
	Ag díol gáirtéirí ná ag dul faoin gcoill
Here you may find a virtuous lady
	A smiling fair one to please the eye
An paca straipeanna is measa tréithe
	Is go mbeiread féin ar bheith as a radharc.

Come drink a health boys to Royal George
	Our chief commander – nár orda Críost
Is aitchimis ar Mhuire Mháthair
	É féin is a ghardaí a leagadh síos
We'll fear no cannon nor loud alarms
	While noble George shall be our guide
Is a Chríost go bhfeicead-sa an bhrúid á charnadh
	Ag an mac seo ar fán uainn thall sa bhFrainc.

35. Suim purgadóra bhfear nÉireann

Dáibhí Ó Bruadair a chan, 1684.
Ceol: Ní fios. Cóiriú an fhonnadóra anseo de réir O'Sullivan
1921, 20-23.

Do fearadh a flathas trí pheaca na prímh-fhéinne
Ó ar haithreadh a maireann de mhaicne chríche Éibhir
Acmhainn a gcascartha a gcreachta is a gcroí-chéasta
I nglacaibh na haicme le ar fealladh ar King Séarlas.

Na gairbh do ceapadh re deascaibh gach daoir-cheirde
Is nár measadh a gceannas go ceannarraic laoi an tsléibhe
Sreathaid go seascair i mbailtibh na saoir-chléithe
Mar mhacaibh fear maise go mascalach mín-tréadach.

Más teaspach nó tearc-chuid i laithibh mo chlí-ré-se
Do m' chalainn bhus cleachtadh do thal-sa mo rí déantar
Go ndeacham fá d' bhrataigh-se a mharcaigh an chrainn
    chaomhna
D'aithle gach ceatha go flathas na fíréanta.

36. Aisling: Mac an Cheannaí

Aodhagán Ó Rathile a chan
Ceol: Ní fios. Cóiriú an fhonnadóra anseo, de réir Stanford-
Petrie 1905, uimhir 1205; Ó Madagáin 2000, 94-8.

Aisling ghéar do dhearcas féin i m' leabaidh is mé go lag-
    bhríoch
Ainnir shéimh darbh ainm Éire ag teacht i m' ghaobhar ar
    marcaíocht
A súil ramhar ghlas a cúl trom cas a com seang geal is a malaí
Dá mhaíomh go raibh ag tíocht ina gar le díograis Mac an
    Cheannaí.

A beol ba bhinn a glór ba chaoin is ró-shearc linn an cailín
Céile Bhriain dár ghéill an Fhiann mo léir-chreach dhian a
    haicíd
Fá shúiste Gall dá brú go teann mo chúileann tseang is mo
    bhean ghaoil
Níl faoiseamh seal le tíocht ina gar go bhfillfidh Mac an
    Cheannaí.

Na céadta atá i bpéin de ghrá le géar-shearc sámh dá cneas-chlí
Clanna ríthe maca Míleadh dragain fhíochta is gaiscígh
Tá gnúis ina gnaoi ní mhúsclann sí cé dúch fá scíos an cailín
Níl faoiseamh seal le tíocht ina gar go bhfillfidh Mac an
    Cheannaí.

37. Aisling: Gile na gile

Aodhagán Ó Rathile a chan.

Ceol: Ní fios. Cóiriú an fhonnadóra anseo, de réir O'Sullivan 1921, 20-23; Ó Madagáin 2000, 94-7.

Gile na gile do chonnarc ar slí in uaigneas
Criostal an chriostail a goirm-roisc rinn-uaine
Binneas an bhinnis a friotal nár chríon-ghruama
Deirg' is finne do fhionnadh ina gríos-ghruanaibh.

Fios fiosach dham d'inis is ise go fíor-uaigneach
Fios filleadh dhon duine dhon ionad ba rí-dhualgas
Fios milleadh na droinge chuir eisean ar rinn-ruagairt
Is fios eile ná cuirfead i m' laoithibh le fíor-uamhan.

Leimhe na leimhe dhom druidim ina cruinn-tuairim
I m' chime ag an gcime do snaidhmeadh go fíor-chruaidh me
Ar ghoirm Mhic Mhuire dho m'fhurtacht do bhíog uaimse
Is d'imigh an bhruinneal ina luisne go bruín Luachra.

38. Amhrán an phótaire: An buachaill caol dubh

Seán Aerach Ó Seanacháin a chan.

Ceol: Stanford-Petrie 1905, uimhir 1260; Ó Tuama 1969, iii, 4.

Nuair a théim ar aonach ag ceannach éadaí
    Is bíonn an éirnis agam i m' láimh
Síneann taobh liom an buachaill caol dubh
    Is cuireann caol-chrobh isteach i m' láimh
Is gearr ina dhéidh sin go mbím go haerach
    Gan puinn de m' chéill is mé os cionn an chláir
Ag díol na n-éileamh do bhíonn do m' chéasadh
    Seacht mí gan léine is an fuacht do m' chrá.

Is é an buachaill caol dubh fada féileach
    Clisde léannta is gur mhaith é a shnó
Do chlaoidh i bpéin mé is do mhill in éag mé
    Is d'fhág mé féinig ar beagán stóir
Don Fhrainc dá dtéinn nó go cuan Bhinn Éadair
    Nó ag dul den léim sin go hInis Mór
Bíonn an séithleach i m' dhiaidh ar saothar
    Mura mbéinn féin uaidh ach uair de ló.

Keening
and Other Old Irish Musics

KEENING

Keening is an example of forms of vocal music which underwent a change of function down the ages. In pagan times, and for long afterwards, it is most likely that keening in Ireland had the same function as in the other countries of Europe and worldwide, that is to say a supernatural ritual function: to transfer the spirit of the deceased from this world to that of the spirits. That is still commonly its prime function today in pagan communities throughout the world. Some of them use no words but only nonsense vocables and the name of the deceased repeated over and over (Schneider 1960, 195). The music is the magic instrument which will accomplish their intent. This emphasis on the person's name (which in magical terms is identical with the individual named) reminds us of the account of the keener written by Frank Keane from Co. Clare:

> The Mourner ... commences by some deep murmuring, repeating over and over the name of the deceased, such as 'Thomas, Thomas, my sorrow and my loss'. Then follows the Keen or Irish Cry (Keane 1874, 10).

I heard an ear-witness account of the same usage being practised in the Claddagh in the city of Galway in the twentieth century, in English, the name of the deceased being repeatedly sung again and again. This is the call which is echoed at the opening of many of the rounds or stanzas in the Keen for Art O'Leary: 'My dearest love', 'O rider of the white hands', etc. The keener was free to sing or to recite this call, once or repeatedly, as illustrated on the disk (**track I**).

2. Art O'Leary's house, near Macroom, Co. Cork.

3. Art O'Leary's house, front hall.

4. Art O'Leary's tomb in Kilcrea Friary, Co. Cork.

With the passage of time there came a change of emphasis in the function of the keen: to that of emotional release, although echoes of the older supernatural function persisted down to our own time (Ó Cruadhlaoich 1989). This function of emotional release led to the development of the second stage in the round of keening, that of the dirge: a short verse in *rosc* metre, 'partly extempore, partly prepared' (Joyce 1873, 59). The lone keener (more usually a woman) sang her verse to old *reacaireacht* music, chant-like, many syllables on the same note, with little ornamentation and ending in a falling cadence. Each district had its own version of this kind of music, which all the local people would know from constantly hearing it. Whenever they wanted to keen, this is how they would 'do it'. It was not as if a particular keen had its own music proper to itself. Only two rounds of the keen for Art O'Leary (1773) have come down to us with traditional keening music (**tracks 2 & 3**). It cannot be claimed that these tunes were those used by Eibhlín Dubh, but one may safely assume that at least they are the *kind* of tunes which she would have used, i.e. keening tunes. Similarly, it would be quite in keeping with the tradition to sing what is said to be Eibhlín's opening round, 'Mo ghrá go daingean tú … ' ('My dearest love … '), using the keening tune from Co. Cork which P.W. Joyce got from a priest of that county, 'as he heard it scores of times' (Joyce 1909, 82; **track I**), or to use a keening tune from Co. Clare to sing the round cursing the sheriff Abraham Morris, said to have been performed by Art's father.

The *gol* ('cry', or 'Irish Cry' as the English called it) was the third stage of the round of keening – probably the culmination. The keener commenced it, at the end of the verse, and was joined by the entire company singing it as their 'Amen' (Campbell 1862, 163, Scotland) to the sentiments expressed in the verse, and significantly extending the social function of the keen. The music of the *gol*, in contrast to that of the preceding verse, was explosive and highly ornamented (**tracks I-4**), but nevertheless well known in its local version to all the community. No words were used, only vocables such as 'och ochone' or 'ululoo', so that the community gave poignant expression to their emotion in purely musical terms, using their voices as a musical instrument, just as in the instrumental lament played on the pipes or the harp. It is very likely that the *gol* was a central part of the keen in pagan times, and as late as the twentieth century keening often consisted of the *gol* alone (e.g. Ó Cruadhlaoich 1989).

Tom Bheairtle Tom Ó Flatharta (Indreabhán, Co. Galway) gave me a very valuable account of his mother keening a younger brother of his, who had died in childhood: how, for months after his death, when she would feel distressed, she would hug a garment of his – a little gansey or whatever – and keen him, with sung words and *gol*. The relief which this brought her was given great emphasis:

I heard her keening a brother of mine. A child. Three years. And she'd draw tears out of the grey rocks, the way I heard her keening. Keening, you know, giving an account of him, and the children, and everything. And then, when she would keen him ... she would sing, keening – there wasn't her equal in singing: you'd stand in the snow listening to her – and then she would be able to keen him all the better, with old-style singing. And then when she would be keening, she would say '[o]chone oh, [o]chone oh.' The load would be on her, and whenever she would do that keen, she'd get that heavy load out of her. And then maybe a little while afterwards she would start keening again. And only that she keened him, and got the load out of her, it would go on oppressing her, and she would be all the worse. And I saw her after the burial: she would keen him when he'd come into her mind ... And if so, you know, 'twould do her good: she'd have got rid of the load. She'd be much worse if she didn't keen him. She would (Ó Madagáin, 1993, 257-8, original in Irish).

In former times the old aristocracy keened their dead like everybody else. The O'Conor Don, Dominick, died in 1795; many years later Sir William Wilde (an old neighbour of the O'Conors) recorded a memory that his aunt had kept of the wake, and of the dead man's sister, Jane, keening him:

My aunt, who died several years ago at a very advanced age, remembered having seen her coming to "cry" her brother Dominick, when he was "laid out" in the barn at Clonalis (Wilde 1878, 245, n. 1).

We have evidence from the nineteenth century that keening was also used on occasions of sorrow other than those of bereavement. Fr Pádraig Ua Duinnín left us a unique account, garnered from the previous generation, of women keening at the fateful moment when it was discovered that the blight had come overnight on the potatoes, during the Famine years:

The women ran out among the gardens beside themselves, clapping their hands, crying aloud and keening their potatoes as they would keen the dead (Ua Duinnín 1905, 77, original in Irish).

He gave us one keening verse of this kind:

Ochone my sorrow !
O God in heaven
Lift up my spirit
Don't leave me wanting
Nor my children empty
Against the springtime.
        [Och ochone!]
(ibid., original in Irish).

That verse can be sung quite naturally to one of the keening tunes that survived with a round of the keen for Art O'Leary (**track 5**).

In the same little book, Dinneen has an account of the farewell gathering when a young person was about to depart for America. 'The day and night before was like a day and night of a wake,' he says. 'Desolate was the cry of the mother about to part for ever from her daughter or her dear son.' He illustrates this with an example, six poignant verses which have the internal hallmarks of authenticity:

My love my darling!
'Twas fair and shapely
You'd walk the roadway;
'Twas right and seemly
You'd have the knowledge
Of scholars and grand ones.
        [Och ochone!]

I'll not leave a corner
From Maigue to Youghal
From rich Tralee
To Ardnagoshra
Without talking about you.
   [Och ochone!]

Your fame was widespread
Among all the women
For wisdom and knowing;
My grief my scalding
That you should leave me
In the flower of youth.
   [Och ochone!]

Ochone my sorrow
And my grief no telling
Woeful the day
And grim for your mother
That's heartsick and woeful
For her darling child
Without means or profit
On the ocean tossed
Today and tomorrow
And for half a three-month.
   [Och ochone!]

Ochone my torture!
When I light the candles
Against night-time's darkness
And you not beside me
Speaking softly
Gently and kindly
Without strife or quarrel.
   [Och ochone!]

My own fair lady
Of the slender eyebrows
Having sense and reason
Together blending
Will you leave me now
Behind you lonesome
And death demanding
Each day I live?
      [Och ochone!]

                  (Ua Duinnín 1905, 55-56, original in Irish).

These verses can be sung to the other keening tune that survived with part of the keen for Art O'Leary, making the traditional adaptations (**track 6**).

In the *Memoirs* of the folklorist Jeremiah Curtin he records the following:

> The migration of 1892 had begun ... At a station near Limerick we witnessed a most pathetic scene. A woman, not less than eighty years old, was clinging to her grandchildren, or perhaps they were her great-grandchildren, a young man and woman, and was wailing as at a funeral. She realized that she was seeing them for the last time (Curtin 1947, 457).

Most likely she was keening.

ELEGY

The elegy (*marbhna*) was a learned composition, unlike the keen. Anybody could do a round of keening, extempore, whereas the elegy was a carefully wrought poetical composition, taking time and trouble. Down to the seventeenth century, when a chieftain died, he would be keened like anybody else as part of the obsequies. But it would be the function of his bardic poet to compose an elegy, for performance at a commemorative ceremony some time after his interment. The poet could use any of the syllabic bardic metres: *deibhí* or *rannaíocht* or other. It was the role of a special functionary, the *reacaire*, to sing the elegy in the presence of the household, just as he performed the other bardic compositions, with harp accompaniment. Even after centuries of Christianity, the supernatural dimension (pagan heroic) of such a rite should not be precluded, especially when poetry, music and a musical instrument were involved. The texts of scores of these elegies are preserved in the Irish manuscripts, but no music, any more than with any other kind of bardic texts. Music was not written. Moreover, it is very unlikely that there would have been an individual tune for a particular elegy (or for any other bardic poem). There is ample evidence to suggest that the same tune was used over and over for various poems, even poems as different in kind as a religious hymn and Ossianic lays (**tracks 10 & 11**), depending on the repertoire of the *reacaire* within the tradition.

Nevertheless, we may have indirect evidence of a tune used for bardic *marbhnaí*. By the eighteenth century the era of the chieftains and their bardic poets had come to an end. The poets now were part-timers, who did not have the training of the bardic schools but who were very keen to keep up the old learned tradition. In 1739 Donnchadh Mac Cárthaigh, head of the MacCarthy branch resident at Ballea Castle in Co. Cork until the Cromwellian Plantation, died, and the local poet – Seán Ó Murchadha na Ráithíneach (1700-62) – composed an elegy for him. Except for the stressed metre (instead of the syllabic metres of the bardic poets), this is an elegy in the old style, even to the extent of there being a bardic *dúnadh* ('closing') at the end. There are eight copies of the text in the manuscripts, but no reference to music, no more than ever. However, in the year 1851 P.W. Joyce heard this elegy sung by Phil Gleeson, a farmer, at Coolfree, Co. Limerick, and notated the tune (**track 7**). This is not a song tune, but a kind of chant. If this was the music, or the kind of music, used by the poet himself for his elegy – as is most likely – then is it not equally probable that it was a relic of the older tradition, which the poet was at pains to conserve? A small number of other examples of this 'elegy music' have survived to us, in which the chant or recitative character is even more pronounced, differentiating them all the more from song music. An elegy composed by Diarmuid na Bolgaighe Ó Séaghdha (c. 1755-1846) on the death in 1809 of Mac Fhinghin Duibh (head of the O'Sullivans of Derreen near Kenmare in Co. Kerry) survived in the living tradition in two versions of the same kind of music (**track 8**). Another example is one version of the Úna Bhán elegy (seventeeth century) which survived in the living tradition in Connemara and was recorded by Máire Áine Ní Dhonnchadha, beginning 'Na cheithre Úna, na cheithre Áine ...' (Ní Dhonnchadha 1970; **track 9** here). Characteristic of all these examples is the reciting note, sometimes ornamented, and also the descending cadence at the end. In the case of two of the examples (**tracks 7 & 8 (i)**) a refrain was still sung after each stanza at the time they were notated: 'í-ú-í-ú-í-ú' and 'seothó binn binn binn' – the response, very likely, of the audience, as in the keen. We can take it that this was a regular feature of the elegy ritual, forgotten with the passage of time in the case of 'Úna Bhán' and some others, and therefore restored in the illustrations here (**track 9** etc.)

5. The MacCarthy residence at Ballea Castle, Co. Cork.

In the course of the eighteenth century some of the poets began to compose elegies to song tunes (love songs and others). An example is the elegy composed by Seán Ó Tuama (1708-75) on the death of his fellow poet Seán Clárach Mac Domhnaill (1754): the tune reference given in the manuscripts is 'Ar Éirinn ní neosainn cé hí'. Needless to say, the verses and the tune fit each other precisely (**track 24**). The poet ended his elegy with an epitaph or grave-lay (*feartlaoi*) as an envoy (*ceangal*), following the custom at that time in Munster. The epitaph, however, is in a change of metre, as was customary, with much longer lines, so that it could not have been sung to the named tune. If the epitaph was to be sung then, as seems most likely, as the epitome of the elegy, a change of tune would have been necessary. It may well be significant that the metre of the epitaph is of a kind related to that used throughout the elegy for Mac Fhinghin Duibh (**track 6(i)**), so that Ó Tuama's epitaph can be sung perfectly and naturally to the tune of that elegy, making a fitting ending with elegiac resonances (illustrated **track 24**). That kind of long-lined metre was the one most commonly used in the epitaphs and in some of the non-elegiac envoys.

OSSIANIC LAYS
AND SYLLABIC HYMN

We have a very valuable account from Eugene O'Curry of his
father (Eoghan Mór, 'sang Irish songs better than any man I ever
knew') singing Ossianic lays: 'I remember distinctly the air (*sic*)
and manner of their singing.' It is clear from the account that
his father used the same tune for the various Ossianic lays that
he sang, something that is corroborated by other evidence on
the singing of the lays in Ireland and Scotland. As well as these
syllabic lays, Eoghan Mór sang an old syllabic hymn to the same
tune:

> I do not remember having heard any other poem sung to the air of
> these Ossianic pieces but one, and that one is a beautiful ancient
> hymn to the Blessed Virgin … My father sang this hymn, and well
> too, almost every night, so that the words and the air have been
> impressed on my memory from the earliest dawn of life … The
> air of this hymn is not popular; I have never heard it sung but by
> my own father. I know it myself very well … (O'Curry 1873, iii,
> 392-93).

It can be demonstrated (Ó Madagáin 1983) that the hymn in
question was 'Sciathlúireach Mhuire' and that the 'air', as
remembered by Eugene O'Curry, was preserved by his friend
George Petrie in one of the Petrie manuscripts in the National
Library of Ireland, so that it is possible to restore the words (Ó
Longáin 1802-30, 69, referred to by O'Curry) to O'Curry's tune
(**track 10**). It would seem that to illustrate the singing of the

Ossianic lays to this tune, the one selected by O'Curry was 'Laoi Chnoc an Áir' ('The lay of Knockanare', **track 11**).

Eoghan Mór Ó Comhraí (1744-1825) was a person steeped in the tradition, so that this evidence from him, from the eighteenth century, on the singing of the old syllabic metres, although limited, is of great value.

WORK SONGS

Although only a small number of work songs have come down to us, that is not to say that they did not figure largely in the daily lives of the people. The reality was that their widespread practice had declined before collectors realized the worthwhileness of recording them. The Great Famine was the universal silencer that shattered the spirit of the people and plunged the 'land of song' into mute gloom. John O'Donovan wrote to a friend in 1848: 'Never was Ireland in such a state as at present: you would not hear a song, a laugh or a whistle from any one' (O'Donovan 1848). And it was this 'awful unwonted silence' that inspired George Petrie to publish his *Ancient Music of Ireland* in 1855, under the auspices of the Society for the Preservation and Publication of the Melodies of Ireland (Petrie 1855, xii). However, the few work songs that were preserved, by Petrie and others, give us a window into the daily life of the people, and the pervasive function of song in their life. As a woman said to me, remembering her own folk long ago on the Isle of Barra: 'No matter what they were doing they sang.'

The rhythmical function of the work song is self-evident, whether for solitary tasks like spinning or for synchronized group-work such as rowing. We hear the rhythm of the milk into the pail in the milking song from Co. Clare (**track 12**), or the pounding of the dash-churn at the buttermaking (**track 14**). Churning was a heavy chore, as Pádraig Ua Cnáimhsí remembered from his youth as a farmhand in Donegal:

> In summer I had to pound the butter two days a week ... They
> had a large high churn and I used to stand it in the middle of the

floor for the buttermaking. I had a chair to stand on while I pounded the milk ... I used to stand on this chair, take hold of the dasher and keep on pounding until the milk broke thick in the churn. This was exhausting work for me as I had no way of getting help from anyone in the house (Ua Cnáimhsí 1988, 45, original in Irish).

6. An occasion for a churning song; Mrs Nee, Gorumna, Co. Galway.

It was the churning song that provided relief from the stress of the work, in the account by Ealasaid Chaimbeul, remembering her youth in the Western Isles of Scotland:

> When the day of the buttermaking came around you may say that there was commotion. Our churn was of the old-fashioned kind … We were nearly jumping out of our bones to see who would get a turn on the dasher. Each of us had only a snatch of the jingle 'Thig, a chuinneag, thig' ('Come butter, come') which my mother made a practice of at churning time, but nevertheless it gave mighty relief (Caimbeul 1982, 3, original in Scottish Gaelic).

Even for tasks which were not of themselves rhythmical, such as haymaking, the communal singing or chanting of a work song had the happy effect of exciting a team spirit and of regulating and orchestrating the physical movements associated with such work. Patrick Carroll recalled haymaking in his boyhood in Co. Limerick in the late nineteenth century, in a district which not long before had been Irish speaking, and where echoes of the old work songs still lingered in English:

> I used to feel a kind of wild gaiety … as I formed one of the long lines of men that turned over the hay rows … And they all kept in musical step as they chanted, 'Wet side up, dry side down'. And I shouted as loud as any of them (Carroll 1943, 183-4).

Heavy or monotonous work becoming an entertainment, especially when people were able, as was commonplace, to improvise the words of a song poking fun at some of those present. This kind of humorous banter was integral to the dialogue songs (*lúibíní*) which the girls and women sang (as in Scotland also) when they gathered together in one house, for the sake of the company, to engage in spinning, carding, knitting, etc. Examples of the dialogue song are 'Ululú mo mháilín' from Co. Limerick (**track 15**) and 'Maileo léró' from Co. Clare (**track**

16). Frank Keane (Co. Clare) preserved eight dialogue songs in a manuscript in the Royal Irish Academy, together with this interesting account:

> This melodramatic amusement is very popular among the female peasantry ... These dialogues are sung in parts [sections] by the women when spinning, knitting, sewing, etc., to some curious old Irish airs. The women assemble by appointment in certain houses to discharge the *comhar* or mutual co-operation which they have agreed upon; but in all cases the work is cheerfully accompanied by a musical dialogue, one commencing the dialogue, another replying, usually with the intervention of a chorus to afford time to prepare an extempore verse in succession. And thus the dialogue is prolonged by two successive singers – praising or dispraising the young men whose names are introduced, until they have all sung their parts to their own amusement, as well as to the gratification or otherwise of the young men and the rest of their audience (Keane 1874; O'Sullivan 1924, 37-8).

Séamus Clandillon witnessed this practice in Co. Donegal: 'Not long ago I heard a number of girls mending nets in a shed at Bunbeg, Co. Donegal, lighten their work in this manner ... ' (Ní Annagáin & de Chlanndiolúin 1925, 28). Mairéad Nic Dhonnchadha remembered dialogue songs being sung in Carna:

> Women used be singing *lúibíní* when there would be a gathering of them together picking carrageen, carding, spinning or booleying. Often they would be fancying matches for each other. For example: 'Sóra mhíle grá', 'Aba ba búna', 'Im bó a chumainn', 'Chuaigh mo mháilín ar iarraidh', 'Máimín máimín maidin chiúin cheo' (Nic Dhonnchadha 1995, 98, original in Irish).

And Tomás Ó Broin left us an interesting description of this practice in Menlo, near the city of Galway, just before the Second World War:

When women assembled in a particular house by themselves to pass the night, there was no fear of their being without amusement. Instead of storytelling they would for the most part be singing songs and lilting. At the same time they would usually be engaged in some kind of work, carding or knitting. They were very keen on competing with each other in composing *lúibíní*. As in 'Déanamh an Bhríste', the *lúibín* would consist of a pre-composed song to which each woman could contribute a couplet in her turn, or as she got the opportunity. Love and matchmaking were the usual topic. The *lúibín* would give them the chance to drop hints or make jibes about each other. Some of the *lúibíní* were very well wrought ... They had different tunes and refrains, but they all had much the same layout, and *lúibín* was the collective name for them all (Ó Broin 1955, xxvii–xxviii, original in Irish).

7. 'A Spinning Party', 1846; an occasion for *lúibíní*.

There is a fine engraving of 'A Spinning Party, 1846', in Coulter's book *The West of Ireland* (1862) (see previous page). It is clear from the piper and the flute player in the picture that instrumental music featured on these occasions. And Standish Hayes O'Grady (born in Co. Limerick in 1832) tells us that Irish manuscripts were read aloud 'in farmers' houses on occasions when numbers were collected at some employment such as wool-carding in the evenings' (O'Grady 1857, 29). Lady Gregory remembered a piper playing during the sheepshearing in her family home in Co. Galway, and one can presume that shearing songs were also sung in Ireland as they were in Gaelic Scotland.

A significant feature of the work songs, both in Irish and in Scottish Gaelic, were the vocables, especially in the refrains. A well-known example is the refrain of the smith's song: 'Ding dong didilum'. These nonsense syllables are usually taken to be for the sake of the rhythm, accentuating it. It could well be, however, that they have a more fundamental meaning, echoing the magic origin of work songs. It is clear from international comparison that work songs were an essential part of the magic ritual performed to ensure the success of the work, a function which is still quite common today in Asia and Africa, especially with such vital operations as ploughing or sowing the seed – the mysterious forces of nature had to be harnessed. The clearest echo that I have heard of such a concept in the Gaelic-speaking world was the impatient reply of an old lady in the Isle of Barra when I asked her expressly why she sang the churning song at the buttermaking: 'To get more butter, of course', a reply, it must be said, that was redolent of the refrain of the song, 'Thig, a chuinneag, thig' ('Come butter, come'). The formula used in magic ritual has typically been unintelligible (purporting to be the language of the spirits), repetitive and incantatory (Combarieu 1978, 13), the music being the means of communication with the spirit world. The nonsense vocable refrain of the Irish work songs, chanted repeatedly, would seem to fit that pattern very well. It appears likely that this refrain echoes the original charm, and that the meaningful verses were a later development (perhaps when the magic function had been forgotten).

In the milking song which we have from Co. Clare, 'Grá mo chroí mo bhó bheag dhílis' (**track 12**), the milker (a woman usually) addresses the cow affectionately, to put her at ease (so that she would yield more milk). But at the end of each verse there is a simple syllabic croon, 'ú-í-í-ú'. It may well be significant that these are the same syllables as were sung by the Anglo-Saxon ploughman of a thousand years ago (Lloyd 1967, 91-2) at the end of the fertility ritual with which he commenced his ploughing (putting an oaten cake under the first sod turned etc.). Agricultural communities, steeped in superstition (as most of Europe was until the nineteeth century), felt it necessary to practise magic rituals especially in connection with the mystery of new life: ploughing and sowing the seed. In Ireland, before the Famine, the ploughmen still had the tunes, sung or whistled, and although they put their own rationale on them, it would be difficult to deny the great likelihood that they were echoes of old superstitious rituals. P.W. Joyce gave us a vivid account of the practice in Glenosheen:

> While ploughmen were at their work, they whistled a peculiarly wild, slow and sad strain, which had as powerful an effect in soothing the horses at their hard work as the milking-songs had on the cows. Plough-whistles also were quite usual down to 1847 [the Famine]: and often when a mere boy, did I listen enraptured to the exquisite whistling of Phil Gleeson on a calm spring day behind the plough (Joyce 1903, i, 591).

8. An occasion for a ploughing song.

We have a number of examples of these whistled tunes (e.g. Petrie 1855, 28-30, 132; 1882, 46). The ploughman could sing them as well, and we are very fortunate that a single example of this has survived (**track 13**), notated by Petrie (O'Curry recording the words, no doubt) from both the whistling and singing of Tadhg MacMahon, an old ploughman from Kilmurry MacMahon in Co. Clare (Wall 1962). It is significant that the vocal version consists for the most part of the vocables 'Hóbó hóbobobó' repeated again and again, with a brief speech part mocking the woman of the house for her tardiness in coming with the dinner. The music is very simple and chant-like, suggestive of age.

If it is true that the work songs seem to echo superstitious practices – and it is not possible to make a more positive deduction than that – there is also evidence that the lullaby too had such a function, namely to protect the baby from the shee. In his poem 'Cranna Foirtil' Máirtín Ó Direáin (1957) refers to the material charms which, he told me, his mother put about his own cradle when he was a baby, to guard him against the shee: the iron tongs, a garment of his father's, etc. This was common practice down to the beginning of the twentieth century. Dr Seán Ó hEochaidh attested to me that some of the old women in his young days in his native Donegal believed that the lullaby had the same function, 'and that the better it were sung, the more exquisitely, the more lonesomely and the more plaintively, all the more effective it would be as a protection' (original in Irish). This was corroborated for me by Annie Eoghain Éamoinn (Ní Ghallchóir) from Dobhar, in northwest Donegal, saying that the people in her own youth had the same belief. The repetitive vocable refrain which characterizes the lullabies (**tracks 17 & 18**), which is now taken to be for soothing the baby, strongly resembles the old magic formula, raising the question whether this was the original lullaby, earlier than the verses.

Perhaps of significance is the fact that we have a number of lullabies consisting, in the tradition, of vocables only, concluded by a phrase like 'you are my child' (Joyce 1873, 74), or, remarkably, 'get out, fairy' (Costello 1923, 65-7). The shee are frequently referred to in the lullabies, and in the very interesting example 'A bhean úd thíos ar bhruach an tsrutháin' (**track 17**) from Limerick city, the woman purported to be singing is a young mother who had been abducted by the shee to be nurse to one of their babies: she is now standing in the doorway of the shee-dwelling, and under pretext of singing a lullaby to the baby in her arms, gives the formula for her rescue to a washerwoman beside the nearby stream. The tune consists of a single line, repeatedly sung, of very simple chant-like music, suggestive of age, and a vocable refrain to the same tune. P.W. Joyce noted a certain similarity between the music of the lullabies and that of the keens and plough whistles (Joyce 1873, 67). Perhaps there was more to the similarity than a matter of expression, referred to by Joyce, and that these three categories belonged structurally to the old native music, as distinct from that of the love songs from abroad.

MUSIC OF LOVE SONG
AND RELATED TUNES

The music of love song and its extended uses has a European structure (later that of the sonata); e.g. 'Péarla an Bhrollaigh Bháin' ('The Snowy-breasted Pearl', **track 30**) which has the form AABA. It is most likely that this structure came into Ireland with the love songs of the French tradition (with the Anglo-Normans) and those sung in English (by the English and Scots). That is not to say that the Irish did not make their own of this kind of European music, but that they retained the basic structure in their own compositions, very different from the putatively earlier 'native' music mentioned above: that of keens and elegies, work songs and lullabies, as well as the few examples we have of syllabic compositions.

From the eighteenth century onwards we have telling evidence of the relationship between poetry and music; that they made a unitary art form for the poet, the singer and the audience (Ó Madagáin 2000). The poet himself, going about composition, would usually select the music first – an old tune, well known to his audience – and compose his lines to that tune. (An exception would be a musician like Carolan, who composed both the verse and the music; but it is significant that he followed the same order: composing the tune first and then the verse, fitted to it: O'Sullivan 1958, i, 40.) In that way the music and the poet's lines fitted each other perfectly, and if the poet had made a felicitous choice of tune, poetry and music would speak with one voice – as Edward Walsh remarked long ago:

One striking characteristic in the flow of Irish verse must principally claim our notice – namely, the beautiful adaptation of the subject to the song measure – the particular embodiment of thought requiring, it would seem, a kindred current of music to float upon ... The particular tune so exquisitely chosen by the Irish lyrist, seems the natural gait of the subject, whatever that they be ... (Walsh 1883, 12, 29).

We sense this artistic unity very clearly in the *aisling* (vision song) composed by Eoghan Ruadh Ó Súilleabháin, 'Mo léan le lua' (**track 20**), where verse and music are so expressively united, 'as if the very words created the tunes', as Sorley Maclean said, adding, 'Whether they did or not, they very often seem to, which is the ultimate test' (Mac Gill-eain 1985, 120, writing of great songs in Scottish Gaelic). Let us listen to Eoghan Ruadh in that song, especially as he follows the turn of the tune (the B section of the AABA) matching the *staccato* notes of the music with a string of short syllables in the couplet

Is gach lonna-bhile borab-chuthaigh tréan-chumais d'fhás
De bhrolla-stoc na sona-chon do phréamhaigh ón Spáinn

and ending, in contrast, with the long vowel (*d'fhás, Spáinn*), emphasized both in the verse and the music. A single artistic expression, to be savoured by his discerning audience!

How fittingly Aindrias Mac Craith chose the plaintive tune for his exile song, 'Slán le Máigh' (**track 25**). We are assured by Petrie, on the authority of Eugene O'Curry, that this was 'the air to which it was written' (Petrie 1855, 163). Regrettably, the tune which is now most commonly used to sing it has no historical connection with the poem (Ó Madagáin 1986, 84).

In the case of the occasional quatrain or verse with which people sometimes addressed each other – not just poets – there is evidence that this was frequently spoken or recited. In his book *Búrdúin Bheaga* Tomás Ó Rathile (1925, 44) explains the title:

> *Búrdúin* is the technical name for poems in stress-metre which are not intended to be sung, as distinguished on the one hand from *amhráin*, 'songs' … and on the other from *dánta*, 'poems in the old syllabic metres'.

Notwithstanding that, however, John O'Daly implies that such were sung, at least sometimes. In *The Poets and Poetry of Munster* (1849, 72) he supplies the tune (even if it seems to be an instrumental version) for a quatrain composed by Seán Ó Tuama about a beautiful young woman living near him in Croom: 'I m'aice cois Mháighe' (**track 22**). Without the music this would have been no more than an undistinguished quatrain. Together with the tune — the music enhancing the metrically stressed syllables throughout, both *legato* and *staccato* — it becomes an artistic gem to excite the listener, as it excited Aindrias Mac Craith; apparently he heard it sung by Ó Tuama, as he composed a reply to the same tune (op. cit. 74).

The poet himself, it seems, was the first person to sing his poem (in place of the *reacaire* of bardic times), if he were able. Riocard Bairéad, for example, in Erris, Co. Mayo (c. 1740-1819) composed a poem to celebrate the birth of twin daughters to Sally, wife of the sea captain Seán Murphy. 'The poem was sung by himself at the baptism', we are told by Patrick Knight, who added, 'The air is a delightfully fine one' (Williams 1978, 113). Raftery (died 1835) was known personally to James Hardiman who told us:

> (He) played the violin tolerably and was accustomed to recite his own poems [without music, it seems] as well as other old compositions, and to sing his own songs accompanied by the music of his violin [in place of the harper of old!] (De hÍde 1933, 30).

Tomás Ruadh Ó Súilleabháin (a contemporary of Raftery's) followed the same practice: not only did he sing his own compositions, but 'he always accompanied his own songs on the violin' (Ó Fiannachta 1914, 17).

Extempore Songs

In Ireland and in Scotland it was not uncommon for the poet to have the ability to compose extempore, especially when animated. An indication is the statement we have from Seán Ó Murchadha na Ráithíneach, in his own hand, regarding his poem (34 lines) 'Is aiteas i mbriathraibh':

> When Toirdhealbhach Ó Briain ... was married to Mairgréag, daughter of Gearóid de Barra ... I sang this short piece extempore in their presence ... (Torna 1954, 162, original in Irish).

Only the verse would be extempore, carried by an old tune known to the listeners. We have an ear-witness account (from 'Mr. James Sugrue ... a relation of the poet') of Tomás Ruadh Ó Súilleabháin singing an angry satire in that way:

> The news suddenly arrived in his father's home that Father Brasby had become a Protestant clergyman. The poet, who was present, refused at first to believe the story, but when reassured he walked up and down the kitchen singing his satire

– to the tune of Kathleen Tyrell (**track 31**; Ó Fiannachta 1914, 18-19, 71).

Another example from the same poet is his reply to the offended bride (**track 32**):

> He was a guest at a wedding in Cahirciveen, the bridegroom hailing from Sneem. During the festivities it was whispered that the happy bridegroom was a man of intemperate habits ... The news reached the bride's ears. 'Who started the calumny?' she asked, 'let the slanderer come forth: it must be the young postman'. Tomás tuned

his violin – he always accompanied his own songs with the violin – and gave, extempore, the song 'Do b'annamh dom féinig' – a piece scarcely calculated to soothe the wounded feelings of the happy pair (Ó Fiannachta 1914, 18-19, 71).

It should be noted how suitable is the music (tune 'Síle Ní Ghadhra') to the sarcasm of the verses. It is not long since an old man in Coolea, Co. Cork, told me that this tune was used in the district down to his own time to mock someone!

Religious Songs

The music of the love songs was also used for religious songs. In the account given us by Tomás Mac Síthigh of religious songs being sung in the chapel in Lispole, Co. Kerry, in the thirties of the nineteeth century, he says:

> At that time in Lispole, on Sundays, the congregation had the practice of singing religious songs. Mícheál Mac Síthigh [his great-grandfather] used be singing in the chapel. They had Gaelic tunes with the songs, such as 'Cailín Deas Crúite na mBó', and 'Éamonn an Chnoic' (Mac Síthigh 1984, 124, original in Irish).

That was the poets' own arrangement. When Fr Pádraig Ua Duinnín edited the songs of Tadhg Gaedhealach Ó Súilleabháin, he printed the tune references as given in the manuscripts and early editions, and stated that this was the poet's own scheme: 'He took the ordinary airs that the people sang, and married them indissolubly to sacred song' (Ua Duinnín 1903, 16). If one sets Tadhg Gaedhealach's verses, 'Mo ghrá-sa mo Dhia' for example, to their designated tune, 'Éamonn an Chnoic', it becomes quite clear that the poet must have been following that tune as he composed his lines, so exactly do his words match the tune (**track 33**). Ua Duinnín's observation on the exuberance with which these religious songs were sung is also of interest: 'Some twenty years ago … snatches of the much-loved lyrics were sung with an enthusiasm of which … we can form no adequate idea' (1903, 17).

We have references to some of the poets themselves singing their own religious songs; we are told that Tomás Ruadh Ó

Súilleabháin spent the last three days of his life in his bed in Bán Ard, preparing for death, 'and while articulate he sang sacred songs composed by himself' (Ó Fiannachta 1914, 24). And Diarmuid na Bolgaighe, while on his deathbed, sent for a neighbour, Muircheartach Ó Séaghdha, requesting him to write down the song of repentance he had composed: 'Diarmuid began singing it and Muircheartach writing it down ... ' (An Seabhac 1932, 268, original in Irish).

POLITICAL SONGS

Pádraig Ua Duinnín understood, from his own experience growing up in Sliabh Luachra in the nineteeth century, how the effect of poetry was heightened by its being sung. Writing of the *aisling* songs of Eoghan Ruadh Ó Súilleabháin – still sung symbolically long years after the Stuarts (e.g. **tracks 20 & 21**) – he said:

> (They) have had a profound influence on the social and political outlook of the people. They found their way into the dwellings of rich and poor, in valleys and uplands, bearing with them the balm of melody for wounded souls and the comforts of a seer's prevision of deliverance for the degraded and oppressed (Ua Duinnín 1929, 25).

He emphasizes the ardour with which they were sung and received: 'One of his *Aislingí* sung with fervour never failed to rouse enthusiasm'. Elsewhere, he gives us a vivid description of this animation:

> One who would observe a houseful of Irish speakers listening to the singing of some *aisling* or other of Eoghan Ruadh's, such as 'Mo léan le lua' ... or 'Ag taisteal na Blarnan', and who would notice the wistfulness and affliction, the elation, the anger and the fury which would take hold of that houseful by turns, one who would observe all that would realize that it was the work of the poets which preserved the Gaelic character of the people of Munster and kept the current of Anglicisation from our doors ... (Ua Duinnín 1907, original in Irish).

Macaronic Song

John O'Daly gave us an account of a macaronic song (partly in Irish, partly in English) which Donnchadh Ruadh Mac Con Mara (1715-1810) is said to have composed in Newfoundland, 'As I was walking one evening fair':

> Having one evening met at a public-house with a party of English sailors … he sang the following song, extempore, to the great amusement of the Irish present, and indeed to that of the English, though the latter understood but part of it, while the former chuckled in comprehending the entire (O'Daly 1849, 5).

It is not known what tune the poet used for it, and so we may follow what was the traditional practice in such a situation and sing it to a tune which we consider suitable, as illustrated on the disk (**track 34**).

Ó Bruadair and Ó Rathile

Regarding the pieces discussed so far, with the exception of no. 34, we can claim the authority of the tradition, directly or indirectly, for the tunes used for them on the disk; the authority of the oral tradition, or that of the manuscripts, or the assurance of early scholars such as Eugene O'Curry. In the case of nos. 35-7, however – compositions of Dáibhí Ó Bruadair and Aodhagán Ó Rathile – the grounds for using the music ascribed to them on the disk are conjectural, endeavouring to answer the query, if these poets used music with their compositions, what *kind* of music were they most likely to have had? It is beyond doubt that some of Ó Rathile's poems were sung: 'I heard some snatches of his most musical songs sung by my mother', Pádraig Ua Duinnín tells us (1929, 20). It is tantalizing that he did not tell us some more about those 'most musical songs', as not one of them survived to us together with music. In the absence of authenticated tunes, a short trial has here been made singing two examples, 'Mac an Cheannaí' and 'Gile na gile' (**tracks 36 & 37**), to old *reacaireacht* tunes chosen mainly on metrical grounds. Is it possible that these poems were originally sung to the tunes selected? That is not out of the question, or at least that they are the *kind* of music that may have been originally used (Ó Madagáin 2000, 95-8). A similar trial has been made with a poem by Dáibhí Ó Bruadair, 'Suim purgadóra bhfear nÉireann' (**track 35**), given that the poetic tradition he would have grown up with, both by heritage and education in the bardic schools, was a sung tradition with the music of the *reacaire*.

POPULAR AESTHETICS

One can presume that the beauty of the music was popularly appreciated, as well as the excellence of the verse. It is very rarely, however, that the beauty of the tune is a matter of separate comment. All the more precious, then, is the popular judgement we have on the tune of 'An buachaill caol dubh' (track 38), again from the authoritative voice of Eugene O'Curry; Petrie tells us:

> It is in Munster ... that it is best known and most esteemed, being, as my friend Mr. Curry tells me, there ranked as one of the finest tunes they possess, if not the very finest one (Petrie 1855, 19).

I do not think that today's taste would be any different, which is most interesting.

Texts (Translations)

Sample verses from each piece. (BÓM: author's own translation.)

1. Keen for Art O'Leary (i)
2. Keen for Art O'Leary (ii)
3. Keen for Art O'Leary (iii)
4. Keen for Art O'Leary (iv)
5. Keen for the blighted potatoes
6. Mother's lament for her daughter going to America
7. Elegy for Donnchadh Mac Cárthaigh of Ballea
8. Elegy for Mac Fhinghin Duibh
9. Elegy for Úna Bhán
10. Hymn: Mary's Breastplate
11. The lay of Knockanare ('Hill of the Slaughter')
12. Milking song: The cow's chant
13. Ploughing song: Hobo hobo bobo
14. Churning song: Love of my heart
15. Loobeen (dialogue song): Ululoo my satchel
16. Loobeen: Mallo lero
17. Lullaby: O woman below on the brink of the stream
18. Lullaby: I would put my own child to sleep.
19. Eoghan Ruadh Ó Súilleabháin's lullaby
20. Vision: My grief to tell
21. Vision: In England of the wealth
22. Occasional quatrain: Here beside the Maigue
23. Political song: Lament for the Fianna
24. Elegy for Seán Clárach Mac Domhnaill

25. Song of exile: Farewell to the Maigue
26. Vision: Long am I sad
27. Vision: The lovely airy *Lios* of Bruff
28. Love song: Remember that night?
29. Love song: Pearl of the flowing tresses
30. Love song: The snowy-breasted pearl
31. Extempore song: Brasby you are crazy
32. Extempore song: 'Tis seldom at all
33. Religious song: Hymn of the Saviour
34. Macaronic song: As I was walking one evening fair
35. Sum of the trials of the men of Ireland
36. Vision: The Merchant's Son
36. Vision: Brilliance of brilliance
38. The drinker's song: The thin dark fellow.

1. Keen for Art O'Leary (i)

First round attributed to Eibhlín Dubh.

Music of verse: Joyce 1901, 82, 'From the Rev. Fr. Gaynor of Cork, as he heard it scores of times.' Music of *gol* ('och ochone'): Joyce 1873, 59, 'The following melody, which I learned long long ago, by repeatedly hearing it, may be considered a very characteristic specimen.'

> My dearest love!
> The day I spotted you
> Beside the market house
> My eye was fascinated
> My heart was captivated
> I ran away with you
> So far from home.
> > [Och ochone!]

(BÓM)

2. Keen for Art O'Leary (ii)

Attributed to Art's sister.

Music of verse: De Noraidh 1965, 28, from Mrs. Máire Ó Conaill, Ballyvourney, 1941. Mrs. Ó Conaill knew only Eibhlín's reply (below), but the reply would most likely be sung to the music of the complaint, as would be customary. Music of *gol* ('och ochone'): Joyce 1873, 60.

> Many's the fine woman
> From Bridge of Toome
> To Cork of the sails
> Who'd give you herds of cows
> And fistfuls of gold
> And 'tis not to bed she'd go
> The night of your waking.
> > [Och ochone!]

[Eibhlín's reply]

Love of my heart, my lamb
Don't you believe that rime
Nor the gossip you heard
That I went to sleep
No indeed my pet
But to soothe your children
Who were distressed.
     [Och ochone!]

(BÓM)

3. Keen for Art O'Leary (iii)

Sung, it is said, by Eibhlín Dubh on the occasion of the reburial
in the friary of Kilcrea.
Music of   verse: De Noraidh 1965, 28, from Labhrás Ó
Cadhlaigh, Ring, Co. Waterford, 1940.   Music of *gol* ('och
ochone'): Joyce 1873, 60.

O women of the weeping eyes
Desist now from your keen
Till my darling gets a drink
Before entering the school
Not for learning nor for tune
But supporting clay and stone.
     [Och ochone!]

(BÓM)

4. Keen for Art O'Leary (iv)

Sung, it is said, by Art's father.
Music: Petrie 1855, 187, a keening tune 'noted from the playing
of Frank Keane, a native of the southern part of the county of

Clare in which secluded district he had learnt it from the singing of the women' (arranged by author).

> Damnation to you Morris!
> Your heart's blood spilt
> Your eyes made blind
> Your knees dismembered
> Who killed my youngster
> And no one in Ireland
> To pump the lead into you.
>> [Och ochone!]

(BÓM)

5. Keen for the blighted potatoes
Music: De Noraidh 1965, 28, keening tune (author's arrangement).

> Ochone my sorrow!
> O God in heaven
> Lift up my spirit
> Don't leave me wanting
> Nor my children empty
> Against the springtime.
>> [Och ochone]

(BÓM)

6. Mother's lament for her daughter going to America
Music: De Noraidh 1965, 28, keening tune (author's arrangement).

> Ochone my torture!
> When I light the candles

Against night-time's darkness
And you not beside me
Speaking softly
Gently and kindly
Without strife or quarrel.
   [Och ochone!]

(BÓM)

7. Elegy for Donnchadh Mac Cárthaigh of Ballea (1739)

Sung by Seán na Ráithíneach.
Music: Joyce 1909, 20-21, 'From the whistling and singing of
Phil Gleeson [Coolfree, Kilfinane, Co. Limerick] ... which he
learned ... from older people.'

Sad and tragic news throughout all Ireland
Gnawing grief and pain for the sons of Míl
Lifeless inert in the clay of the grave laid low
Donnchadh lord of Ballea my thousand woes.
   ee-oo-ee-oo-ee-oo

All Muskerry mourns with heartache gloom and distress
Love of the regions prostrate under the slab
Seed of the princes of the house of Cashel of the kings
In battle a daunting match to challenge with sword.
   ee-oo-ee-oo-ee-oo

Blade of steel endurance force and fight
Fastest strength of limb defiant till death
Liberal loyal supportive in time of need
These were his traits and my pain that his deeds are no more.
   ee-oo-ee-oo-ee-oo

At the height of his powers 'tis sore to have lost our prince
Scion of valour masterful generous skilled
Who never abandoned friend to the wiles of knave
In village or city or prison in a bind unfree.
    ee-oo-ee-oo-ee-oo

(BÓM)

8. Elegy for Mac Fhinghin Duibh (1809)

Sung by Diarmuid na Bolgaighe Ó Séaghdha.
Music, two versions: (i) O'Sullivan 1921, 20-23, from the singing of Pádraig Ó Séaghdha, Derreen district; (ii) Freeman 1920-21, 200-03, from the singing of Peig Ní Dhonnchadha, Ballyvourney district.

(i)
My woeful sighing go pass through Limerick Connaught
    and Clare
To Cork of the ships aye and over the waves
Our strong right hand successor of the renowned warriors
[?Protector of all the weak] is laid low.
    Shoho been been been

Renown and power thou hadst from the King of Glory
Who was at thy right hand unknown to the kings of earth
There is no village or city under the standards of King
    George
But mourns its loss – its homes ever sorrowful.
    Shoho been been been

Sorrowful is the land from Ceachain to Leamlara
Ireland is troubled from Cashel to Barnes
The lands of Carbery are frantic and joyless
And alas in Rathcahill our strong warrior was struck down.
    Shoho been been been

(ii)
Laid low is the hero and beauty of Munster
So that all men sorrow and our clergy are bewildered
Our mighty justice arbitrator of our cause
Our friend our champion our jury our warrior renowned.

(M. Freeman 1920-21)

9. Elegy for Úna Bhán (17th century)

Sung by Tomás Láidir Mac Coisteala.
Music of verses: based on Máire Áine Ní Dhonnchadha 1970.
Music of refrain (ee-oo etc.): Joyce 1909, 20-21 (author's arrangement).

O Úna Bhán my flower of the amber tresses
Gone to your death because of bad advice
See my love which were the better counsel
O bird in a cage and I in the Ford of Donogue.
　　[ee-oo-ee-oo-ee-oo]

O Úna Bhán my rose in a garden
Candlestick of gold on the queen's table
You were birdsong you were music going the road before
　me
My morning cry of grief that we were not wed.
　　[ee-oo-ee-oo-ee-oo]

A pity that I'm not a black crow
That I could fly up to you on yonder hill
My sunbeam on the treetop or dancing on the stream
And my own love greeting me everywhere.
　　[ee-oo-ee-oo-ee-oo]

Had I a long clay pipe with tobacco to the brim
I would take it out and smoke my fill

'Tis well I'd tell you where Úna Bhán now resides
In Brigid's Well* in Creemakeel my grief and my woe.
   [ee-oo-ee-oo-ee-oo]

(BÓM)

*Her burial place in Co. Roscommon.

10. Hymn: Mary's Breastplate

Syllabic metre (free *rannaíocht bheag*), 16th-17th century(?)
Music: Stanford-Petrie 1905, number 1205, from the singing
of Eugene O'Curry, learned from his father, 1744-1825; Ó
Madagáin 1983, 71-86.

I am a guarantor of your praise
Although no bardic poet
Faultless face of an angel
Who gave your breast's milk to save me.

I entrust myself to your care
Loving nurse of God's Son
Protect my body 'neath your shield
My heart my will and my being.

O temple of the three persons
Father Son and Holy Spirit
I call on you to help me
From my birth to my death.

O vessel carrying the lamp
Which surpasses the sun's brightness
Guide me to port in your keeping
From the perishable ship of the world.

(BÓM)

11. The lay of Knockanare ('Hill of the Slaughter')
Music: Stanford-Petrie 1905, number 1205, from the singing of Eugene O'Curry, learned from his father 1744-1825; Ó Madagáin 1983, 71-86.

> Yonder hill is Knockanare
> Till Doomsday 'twill be so called
> O Patrick of the bright croziers
> Not without cause was it named.

(BÓM)

12. Milking-song: The cow's chant
Music: O'Sullivan 1922, 13, from Frank Keane, Co. Clare, 1874, 194.

> My dear little cow is my heart's delight
> Giving milk in abundant supply
> As she's always done for her own little flock
> Our champion milker best of the fair.
> oo-ee-ee-oo
>
> Early I rose and walked the mountain
> To see if I'd find you on my way
> I had nice fresh greens put by to feed you
> With fondness and care for my own wee cow.
> oo-ee-ee-oo
>
> There's not a cow in the whole of Ireland
> Of better appearance form or hue
> Her neat little head is pleasing to all
> And the finest of udders has my little cow.
> oo-ee-ee-oo

Well behaved she stands beside me
Spurting her milk out good and strong
The vessel neat is stood beside her
Quickly filling with plenteous milk.

    oo-ee-ee-oo

There's ne'er a trouble that might afflict us
But it drives away for good and all
Sickness injury age or ailment
It dissipates like the morning mist.

    oo-ee-ee-oo

My unique little cow as now I'm done with you
I take my leave with fond goodbye
God's blessing be with you where e'er you go
And protect you from danger or mishap.

    oo-ee-ee-oo

(BÓM)

13. Ploughing song: Hobo hobo bobo

Music: Stanford-Petrie 1902-5, 1055, from the singing of
Tadhg Mac Mathúna, ploughman, Kilmurray McMahon, Co.
Clare; O'Sullivan 1960, 37.

Hobo hobo bobo
Hobo hobo bobo
Hobo hobo bobo
Hobo hobo bobo

Spur and strike and drive
The bad woman's chestnut mare
Put your foot on the plough Tomás
And see is our dinner coming.

[Tomás replies] It is being reaped.

Hobo hobo bobo (4)
Spur and strike and drive
The bad woman's chestnut mare
Put your foot on the plough Tomás
And see is our dinner coming.

[Tomás replies] It is coming.

Hobo hobo bobo (4)
Hobe ahane and drive
The good woman's chestnut mare
Unyoke the horses Tomás
Our dinner is coming now.

(BÓM)

14. Churning song: Love of my heart
Music: Ó Tuama 1969, 16.

Love of my heart my smart little boy
Love of my heart every day of the week
Love of my heart for as long as I live
Love of my heart my grand little man.

Pound pound pound my wee fellow
Pound pound pound and strike
Pound pound pound my wee fellow
Pound pound and together we'll strike.

Jolly and frisky is my little darling
Turning the cows and driving them home
Standing up on the stool to pound the milk with me
Doing his spell at pounding the dash.

Pound pound pound etc.

(BÓM)

15. Loobeen (dialogue song): Ululoo my satchel
Music: Joyce 1873, 46.

Ululoo my satchel my satchel that was pinched from me
Ululoo my satchel my satchel that was pinched from me
Ululoo my satchel my satchel that was pinched from me
Ululoo my satchel my satchel that was pinched from me.

What was in your satchel the satchel that was pinched
from you?
What was in your satchel the satchel that was pinched
from you?
There was meal and flour and taties in the satchel that was
pinched from me
And lovely tasty sweets in the satchel that was pinched
from me.

Ululoo my satchel my satchel that was pinched from me. (4)

(BÓM)

16. Loobeen (dialogue song): Mallo lero
Music: Petrie 1855, 84, from the singing of Tadhg Mac
Mathúna, Co. Clare, and Eugene O'Curry.

Mallo lero and eembo nero
I traversed the wood when day was breaking
Mallo lero and eembo bawn.

Mallo lero and eembo nero
For Seán Ó Cearúil you wandered so early
Mallo lero and eembo bawn.

Mallo lero and eembo nero
With gad begirt and he ploughing through Ireland
Mallo lero and eembo bawn.

Mallo lero and eembo nero
You mannerless girl he's your match for a husband
Mallo lero and eembo bawn.

(George Petrie 1855, adapted)

17. Lullaby: O woman below on the brink of the stream

Music: Petrie 1855, 73, from the singing of Mary Madden, Limerick city.

O woman below on the brink of the stream
   Shohoo lo shohoo lo
Do you understand the cause of my wailing?
   Shohoo lo shohoo lo
A year and this day I was whipt off my palfrey
   Shohoo lo shohoo lo
And was carried into Lissaknockaun
   Shohoo lo shohoo lo.

   Shoheen shoheen shoheen shoheen
   Shohoo lo shohoo lo
   Shoheen shoheen shoheen shoheen
   Shohoo lo shohoo lo.

Say to my husband to come tomorrow
   Shohoo lo shohoo lo
With the wax candle in the centre of his palm

Shohoo lo shohoo lo
And in his hand bring a black-hafted knife
    Shohoo lo shohoo lo
And strike the first horse out of the gap
    Shohoo lo shohoo lo.

    Shoheen shoheen shoheen shoheen etc.

To pluck the herb that's in the door of the fort
    Shohoo lo shohoo lo
With trust in God that I would go home with him
    Shohoo lo shohoo lo
Or if he does not come within that time
    Shohoo lo shohoo lo
That I will be queen over all these women
    Shohoo lo shohoo lo.

    Shoheen shoheen shoheen shoheen etc.

(George Petrie 1855)

18. Lullaby: I would put my own child to sleep

Music: Petrie 1855, 145, notated by P.W. Joyce from the singing
of Mrs. Cudmore, Glenosheen, Co. Limerick.

I would put my own child to sleep
And not the same as the wives of the clowns do
Under a yellow blanket and a sheet of tow
But in a cradle of gold rocked by the wind.

    Shoheen sho hoo lo lo
    Shoheen sho you are my child
    Shoheen sho hoo lo lo
    Shoheen sho and you are my child.

Sleep my child and be it the sleep of safety
And out of your sleep may you rise in health
From painful dreams may your heart be free
And may your mother be not a sonless woman.

Shoheen sho etc.

(George Petrie 1855)

19. Eoghan Ruadh's Lullaby: Shoho my pet don't cry for now
Sung by Eoghan Ruadh Ó Súilleabháin.
Music: Joyce 1873, 77, from the singing of Davy Condon,
thatcher, Ballyorgan, Co. Limerick, 1853.

Shoho my pet don't cry for now
Shoho my pet don't cry a tear
Shoho my babe my friend my love
With streaming eyes and empty tummy.

What do I do with a child like you
Not a drop in my limbs nor soft sweet food
Whisht my child and solace you'll find
I promise you great things planned for you.

Shoho my pet etc.

You'll get, my child, of the gems I intend
The spear mighty Aongus gave in his hand
To the brave son of Duibhne protecting his flight
From the Fianna hot on his heels in pursuit.

Shoho my pet etc.

You'll get, besides, the golden fleece
Which mighty Jason brought to Greece

And the slender sprightly swift young horse
Cú Chulainn rode when leading the host.

Shoho my pet etc.

You'll get leavings and lashings of wine and beer
And beautiful garments enhancing your mien
But now that I see your mammy returning
I'll not promise you prize nor poem nor jewel.

(BÓM)

20. Vision: My grief to tell
Sung by Eoghan Ruadh Ó Súilleabháin.
Music: Stanford-Petrie 1905, number 1206, O'Sullivan 1960, 134.

My grief to tell my sorrow
It's not the toil of making hay
That has left my mind in anguish
And weak for a spell
But that poets and men of history
Are in bondage and in misery
In the land of Lorc enfeebled
And shorn of their power
Every lion-hearted champion great in power and in sway
That descended from the stock of hounds that sometime
　hailed from Spain
In want a-weary sorrowful
By foreign tyrants tyrannized
The rabble that took over
Their free steadings and their state.

In my dream I saw approaching
A lady great and lovable

Comely lofty courteous
To meet me arrive
In plaited tresses glossy thick
Her branching curling twisted locks
In sweeping masses ringletted
Reached down to her heels
In her pretty cheeks as poets bards and seers had foretold
Playful tricksy Cupid stood with darts in his hand
On the point of wounding
Each hero that might dare
Whence warriors were all laid low
In the dread throes of death.

She very kindly answered me
Between her tears and sobs
'I'm none of those you mention
Though familiar with them all
I am the bride and spouse of Charles
Tearful joyless and contemned
Without my wonted power
Since my hero is abroad
But by miracles of God's own Son his passion and his cross
The foreign bucks who seized our state will be chased and
    put to rout
I've no pity for the horde that made
My eyes shed copious tears
When they're enslaved beneath the yoke
Of each champion free.'

As foretold by ancient soothsayers
Reading omens making prophecies
In Banba's bays will be a fleet
By Saint John's Day
Expelling from the lands of Corc

Across the ocean's deeps
Each and every bloated Sasanach
And their fate I don't regret
There will be slashing swords to scatter hordes and foes
  to overthrow
Each burly boor that practised punch and feasting during
  Lent
More fun to hear the fat bucks
Whine and whimper in their fear
Than this song that's been created
By haymakers on hire.

> (Adapted from Donal O'Sullivan 1960)

21. Vision: In England of the wealth
Music: Stanford-Petrie 1902-5, number 1141, notated by P. W.
Joyce from the singing of Joseph Martin, Kilfinane, Co.
Limerick.

In England of the wealth far away from my homeland
In the shade of the trees by the quay of the ships
Thinking of the death of the princes and heroes
In the land of Cian brought down
By strangers in a storm of conquest
To their rescue though I dare to venture
Shedding my tears in floods of sorrow
Without comfort nor sway nor gladness.

I observed a Grecian beauty fair
Bright and quick and comely
Feminine courtly sweet-mouthed pleasant
Eminent mild and shapely
Beautiful charming stately winsome
Lively ripe and modest

Coming swiftly light of gait
To alight a while beside me.

(BÓM)

22. Occasional quatrain: Here beside the Maigue
Sung by Seán Ó Tuama.
Music: O'Daly 1849, 72 (instrumental version?), Breathnach
1934, 141 (vocal version: 'An raibh tú ar an gCarraig?').

Here by the Maigue is a maiden meek and mild
Etherial fair surpassing womankind
Her ample hair cascades in tresses gold
Whoe'er she be I love her more than all.

(BÓM)

23. Political song: Lament for the Fianna
Sung by Seán Ó Tuama.
Music: 'An Cnota Bán' ('The white cockade'), ms. reference;
O'Daly 1849, 50.

It makes my grief my bitter woe
To think how lie our nobles low
Without sweet music bards or lays
Without esteem regard or praise.

Oh my peace of soul is fled
I lie outstretched like one half-dead
To see our chieftains old and young
Thus trod by the churls of the dismal tongue.

Alas! it has pierced mine inmost heart
That Christ allowed our crown to depart
To men who defile his holy word
And scorn the cross the Church the Lord.

Oh my peace of soul etc.

(John O'Daly 1849)

24. Elegy for Seán Clárach Mac Domhnaill (1754)

Sung by Seán Ó Tuama.

Music of verses: 'Ar Éirinn ní neosainn cé hí' ('Not for Ireland would I reveal who she is') ms. reference; from the singing of Nioclás Tóibín. Music of epitaph: O'Sullivan 1921, 20-23 (author's arrangement). Music of refrain, 'Shoho been'; Freeman 1920-21, 200-03 (author's arrangement).

Evening and Phoebus in cloud
Couched on the steep banks of Maigue
Without fellow or friend all alone
My mind distracted and dazed
Alongside the great river's flood
Splendid her roar and her boom
Although cheerful my temper and bent
Black sorrow engulfed me in gloom.

Savant and honey of bards
Pre-eminent poet of our time
Resolving each problem with ease
Written down in the books of the wise
Brilliant accomplished precise
Ever loyal to the great Crown of right
Now I ask you O Lord of all power
To your mansion to welcome our Seán.

Epitaph

In your maw today o gravestone to all our grief
Lies a merry soul sure guide to all who'd seek

Once the flower of Fódla's bardic tribe
The princely Seán Clárach Mac Domhnaill scribe.
   Shoho been been been

(BÓM)

25. Song of exile: Farewell to the Maigue

Sung by Aindrias Mac Craith.
Music: Petrie 1855, 163-5, from the singing of Eugene
O'Curry.

An adieu and a hundred from this place I send
To the Maigue of the roses trees and ricks
Of the steeds the jewels of the free of the hosts
Of the poems the ditties the gloomless brave.

   Och ochone! it is sickly am I
   Without food ease company or wealth
   Without pleasure comfort sport or strength
   Since I have been driven into solitude.

Adieu above all to her I don't name
The white-skinned accomplished ruby-lipped maid
Who has caused me to fly to the mountains afar
She's the love of my bosom, however, my bird.

   Och ochone etc.

I am a helpless wanderer chilly and cold
Sickly debilitated wretched and poor
In the mountain's top and alas with none
To keep me company but the north wind and heath.

Och ochone my grief my destruction
Too much drinking and kissing of girls
Has sent me for ever from land and from shelter
And quite from all rambling pleasures.

(George Petrie 1855, adapted)

26. Vision: Long am I sad
Sung by Aindrias Mac Craith.
Music: 'An craoibhín aoibhinn álainn óg' ('The beautiful young branch'), ms. reference.

Long am I sad without hope of healing
Downhearted enervated frail astray
Bruised by bastards and battered by boors
In a bare mountain hideout, tormented by woe
No friend to assist me but Donn and his kin
I thought to begin with to halt beside him
To be told his secrets and all his insights
With entertainment and musical cheer.

He told me first of our chieftains' cause
Their situation and their goal
That the boors won't be long in Féilim's land
Nor the race of Éibhear remain in shame
The stalwart Charles with his fleet all set
Is crossing the main to make us free
To the tribe of Luther he'll give no quarter
And a certain scoundrel will pay the price.

These were the secrets I wished to hear
Broadcast yourselves to all my tale
Each stalwart now must join Prince Charles
With a razor sword in each one's hand
This is your hour and bind together

Pounce with passion on well-fed Whigs
Press home the rout on the sons of falsehood
And let no one turn from the fray in fear.

(BÓM)

27. Vision: The lovely airy *Lios* of Bruff.
Sung by Brian Ó Flatharta.
Music: O'Daly 1849, 202.

The birds carolled songs of delight
And the flowers bloomed right on my path
As I stood all alone on the height
Where rises Bruff's old fairy rath
Before me unstirred by the wind
That beautiful lake lay outspread
Whose waters give sight to the blind
And would almost awaken the dead.

As I gazed on the silvery stream
So loved by the heroes of old
There neared me as though in a dream
A maiden with tresses of gold
I wept, but she smilingly said
'Whence Brian my dearest those tears?'
And the words of the gentle-souled maid
Seemed to pierce through my bosom like spears.

(John O'Daly 1849)

28. Love song: Remember that night?
Music: Joyce 1873, 23, 'noted down from the singing of
Michael Dinneen, a farmer living in Coolfree, on the borders of
Cork and Limerick'; O'Sullivan 1960.

Do you remember that night?
You were at the window
Without hat or gloves
Or coat to shield you?
I put out my hand to you
And you embraced it
And we remained together
Till we heard the lark.

Love of my heart
Come some night soon
When my folks are absorbed
In conversation
My two hands around you
And I telling my story
That 'twas the sound of your voice
That deprived me of heaven.

The fire isn't smoored
Nor the light extinguished
The key's in the door
And draw it gently
My mother's asleep
And myself awake
With my fortune in hand
And I ready to go with you.

(BÓM)

29. Love song: Pearl of the flowing tresses
Sung by Richard Mór Cantillon, 1750.
Music: Petrie 1855, 184-5, from P.W. Joyce 'who had learnt it
from the singing of his father, at Glenosheen, in the county of
Limerick; and its correctness has been verified by a notation of

the air which I made myself from the singing of the poor blind woman, Mary Madden, from the same county.'

Farewell my friend
I must be away
Lest you be defamed
Or your character lost
And that it might be said aloud
That you were partial to me
O modest woman who favoured
But deceived like all others.

As I lay down last night
I thought in my sleep
That a fairy had shot me
And destroyed my soul
And that I found at my side
In her beauty reclined
Bridget of the star-eyes
From the banks of Lough Leane.

I have written to you
Gently and timidly
A letter well sealed
That you'd elope with me
And if this you won't do
Thou pearl of the ringlets
I shall be a sprite of the valleys
Or in the church's deep mould.

(George Petrie 1855)

30. Love song: The snowy-breasted pearl
Music: Petrie 1855, 10, 'exactly as noted down from Mr. Curry's singing of it, and as he had learnt it from the singing of

his father (1744-1825) in his native home' (Doonaha, Co. Clare).

> There's a colleen fair as May
> For a year and for a day
> I have sought by every way her heart to gain
> There's no art of tongue or eye
> Fond youths with maidens try
> But I've tried with ceaseless sigh yet tried in vain
> If to France or far-off Spain
> She'd cross the watery main
> To see her face again the seas I'd brave
> And if 'tis heaven's decree
> That mine she may not be
> May the Son of Mary me in mercy save.
>
> Oh thou blooming milk-white dove
> To whom I've given true love
> Do not ever thus reprove my constancy
> There are maidens would be mine
> With wealth in hand and kine
> If my heart would but incline to turn from thee
> But a kiss with welcome bland
> And touch of thy fair hand
> Are all that I demand wouldst thou not spurn
> For if not mine dear girl
> O snowy-breasted pearl
> May I never from the fair with life return.

(George Petrie 1855)

31. Extempore song: Brasby you are crazy
Sung by Tomás Ruadh Ó Súilleabháin, 1844.
Music: 'Caitlín Triall' ('Kathleen Tyrell'), Ó Fiannachta 1914, 71.

Brasby you are crazy if you realise your fate
Damnation in hell you have earned for yourself
If the crimes you're accused of prove to be true
The due is not safe from the heat of the sun

The world is against you for turning away
From God's only Son and his Mother on earth
Heaven itself is in rage and in gloom
And your prospect is dire on the Day of Doom.

(BÓM)

32. Extempore song: 'Tis seldom at all
Sung by Tomás Ruadh Ó Súilleabháin.
Music: 'Síle Ní Ghadhra', Ó Fiannachta 1914, 74; Breathnach
1934, 206-8.

'Tis seldom at all that I'm ever engaged
In whispering rumours and lies of that kind
'Twasn't I brought the stories from over the hill
There were fifty and ten and a hundred to tell
Enquiring from me if the story was true
Was the one that was coming the kind that was said?
I replied that his record was not known to me
That I only heard Mary and Kitty and Nora
Declare it to Shawn and to Dave and to Donal.

(BÓM)

33. Religious song: Hymn of the Saviour
Sung by Tadhg Gaedhealach Ó Súilleabháin.
Music: 'Éamonn an Chnoic' ('Éamon of the Hill'), Ua Duinnín
1903, 89; Ó Madagáin 1987, 17, 29; *Irisleabhar na Gaedhilge*
1889, 12.

I love my God
My guard my healer
I love my forgiving Lord
I love kind Christ
With all my heart
I love you entirely King of glory
I love your eyes
I love your walk
I love your name and your sway
I love you dear
Though I'm all awry
And have failed to follow your counsel.

(BÓM)

34. Macaronic song: As I was walking one evening fair
Sung by Donnchadh Ruadh Mac Con Mara.
Music: unknown.   Author's arrangement, tune 'Carrickfergus'.
Roman type originally in English; italic in Irish.

As I was walking one evening fair
Long belated in good St. John's
I met a party of English blades
Wearied and vanquished by their foes
I drank and sang so brisk and airy
With those courageous men of war
I'd fancy Sasanachs in speedy flight
And Gaels triumphant at the end of the day.

Newfoundland is a wide plantation
'Twill be my station until I die
Alas I'd prefer to be in Ireland
Selling garters, than hauling wood
Here you may find a virtuous lady
A smiling fair one to please the eye

A bunch of hussies of the worst description
And may I escape their dismal sight.

Come drink a health boys to Royal George
Our chief commander – *O Christ forbid!*
And let us pray to Mother Mary
That himself and his guards should be laid low
We'll fear no cannon nor loud alarms
While noble George shall be our guide
And O Christ may I see the brute brought down
By our exiled hero away in France.

(BÓM)

35. Sum of the trials of the men of Ireland
Sung by Dáibhí Ó Bruadair, 1684.
Music: unknown. Author's arrangement here from O'Sullivan 1921, 20-23.

Through the sin of the ancestors by whom were begotten
All those who survive of the children of Éibhear's land
Power to kill rob and grieve them from heaven was
   showered down
Into the hands of the gang who betrayed King Charles.

Roughs formed from the dregs of each base trade
Whose chieftaincy no one expected to see before
   doomsday's strife
Range themselves snugly in the steads of the noblest
   chiefs
As proud and genteel as if sons of gentlemen.

Whether plenty or penury in my days of perversity
Be the lot of my body may thy will O my King be done

Till secure 'neath thy banner O Knight of the saving tree
I pass through the rain-clouds to the realm of true unity.

(John C. Mac Erlean 1917)

36. Vision: The Merchant's Son

Sung by Aodhagán Ó Rathile.
Music: unknown. Author's arrangement here, from Stanford-Petrie 1905, number 1205; Ó Madagáin 1983, 71-6 & 2000, 94-97.

A vision clear appeared to me in my bed as I lay exhausted
A gentle maiden whose name was Erin coming to me on
  horseback
Her full grey eye her ample hair her slender waist and
  eyebrows
Proclaiming that the Merchant's Son was coming to her
  with passion.

Her mouth was music and her voice I loved her on the
  instant
The spouse of Brian esteemed by Fiann I grieved at her
  affliction
Thrashed by flail of foreign knaves my slender maid my
  loved one
There's no release from her distress till the Merchant's
  Son return.

Hundreds pine in pain with love and fondness for her person
Sons of kings Milesian heirs fierce warriors and champions
No agitation spoils her air though grievous sad the maiden
There's no release from her distress till the Merchant's
  Son return.

(BÓM)

37. Vision: Brilliance of brilliance
Sung by Aodhagán Ó Rathile.
Music: Unknown. Author's arrangement here, from O'Sullivan 1921, 20-23; Ó Madagáin 2000, 94-7.

> Brilliance of brilliance I visioned on my lonely way
> Crystal of crystal her glittering green-blue eyes
> Silver of silver her winning sincere voice
> Milky and pink the tint of her fair features.
>
> Wisdom of wisdom bringing in her plaintive way
> Wisdom predicting victory for the royal exile
> Wisdom committing extinction for his scheming foes
> And wisdom so mystic I risk not disclose in my lay.
>
> Silly to think I could link her in bold closeness
> In prison a prisoner fettered in fast holding
> On my bidding the Blessed assist me she sprang from me
> And vanished in dazzling flash to the Shee of Luachra.

(BÓM)

38. The drinker's song: The thin dark fellow
Sung by Seán Aerach Ó Seanacháin.
Music: Stanford-Petrie 1905, number 1260; Ó Tuama 1969, iii, 4.

> When I go to market to buy some clothes
> Having the earnest right in my hand
> The thin dark fellow comes up beside me
> And slips his greasy paw in mine
> It is not long till I'm bright and airy
> All sense abandoned flat on my back
> Paying the debts that have me tortured
> No shirt for months in the bitter cold.

The thin dark fellow tall and chummy
Clever cultured of goodly guise
Destroyed my cheer and left me lifeless
Poor and needy in dire straits
If I go to France or to Howth harbour
Or sail right on to Inishmore
The phantom follows with all his haste
Though he needs me only a single hour.

(BÓM)

Clár Foinsí

Barrow, John. 1836. *A Tour Round Ireland.* London.

Blankenhorn, V.S. 2003. *Irish Song-Craft and Metrical Practice since 1600.* Lewiston, New York.

Breathnach, Pádraig. 1934 (athchló). *Ceól ár Sínsear.* Baile Átha Cliath. (1923).

Caimbeul, Ealasaid. 1982. *Air mo Chuairt.* Steòrnabhagh.

Campbell, Donald. 1862. *A Treatise on the Language, Poetry, and Music of the Highland Clans.* Edinburgh.

Carroll, Patrick. 1943. *Patch of Askeaton Days.* Notre Dame, Indiana.

Combarieu, Jules. 1978 (athchló). *La Musique et la Magie.* Genève. (Paris, 1909).

Comer-Bruen, Máire & Dáithí Ó hÓgáin. 1996. *An Mangaire Súgach.* Baile Átha Cliath.

Coulter, Henry. 1862. *The West of Ireland.* Baile Átha Cliath.

Costello, Eibhlín. 1932. *Amhráin Mhuighe Seóla.* Baile Átha Cliath.

Curtin, Jeremiah. 1940. *Memoirs of Jeremiah Curtin.* Madison, Wisconsin.

De hÍde, Dubhghlas. 1933. *Abhráin agus dánta an Reachtabhraigh.* Baile Átha Cliath.

De Noraidh, Liam. 1965. *Ceol ón Mumhain.* Baile Átha Cliath.

Dinneen, Patrick S. Féach Ua Duinnín, Pádraig.

Fleischmann, Aloys. 1997. *Sources of Irish Traditional Music c. 1600-1853,* i-ii. New York.

Freeman, A. M. 1920-21. 'Irish Folk Songs.' *Journal of the Folk-song Society,* vi. 95-342.

Joyce, P.W. 1873. *Ancient Irish Music.* Baile Átha Cliath.

Joyce, P.W. 1903. *A Social History of Ireland,* i-ii. London.

Joyce, P.W. 1909. *Old Irish Folk Music and Songs*. London.

Keane, Frank. 1873. 'The state of the Irish language and literature.' Ls. 12 Q 13, Acadamh Ríoga na hÉireann.

Lloyd, A.L. 1967. *Folk Song in England*. London.

Mac Erlean, John. 1917. *Duanaire Dháibhidh Uí Bhruadair*, iii. London.

Mac Gill-eain, Somhairle. 1985. *Ris a' Bhruthaich*. Steòrnabhagh.

Mac Síthigh, Tomás. 1984. *Paróiste an Fheirtéaraigh*. Baile Átha Cliath.

Merriam, Alan P. 1980 (athchló). *The Anthropology of Music*. Evaston, Illinois. (1964).

Ní Annagáin Máighréad & Séamus de Chlanndiolúin. 1925. *Londubh an Chairn*. Baile Átha Cliath.

Ní Dhonnchadha, Máire Áine. 1970. *Deora Aille*. Ceirníní Cladaigh, CC6.

Nic Dhonnchadha, Mairéad. 1995. 'Seáirse Siar – Carna mar a bhí.' *Connemara*, 2, i.

Ó Broin, Tomás. 1955. 'Scéalaí Tíre.' *Béaloideas*, 24.

Ó Cnáimhsí, Pádraig. Féach Ua Cnáimhsí.

Ó Crualaoich, Gearóid. 1989. 'An Tórramh i mBéaloideas Cho. Chorcaí.' Páipéar ag Comhdháil Chorcaí.

O'Curry, Eugene. 1873. *Manners and Customs of the Ancient Irish*, i-iii. London.

O'Daly, John. 1949. *The Poets and Poetry of Munster: A Selection of Irish Songs ... With the Original Music*. Baile Átha Cliath.

Ó Direáin, Máirtín. 1957. *Ó Mórna agus Dánta Eile*. Baile Átha Cliath.

O'Donovan, John. 1848. 'Letter to Daniel Charles Mac Carthy.' Ls. 132, Leabharlann Náisiúnta na hÉireann.

Ó Duinnín, Pádraig. Féach Ua Duinnín, Pádraig.

Ó Fiannachta, Séamas Dubh. 1914. *The Songs of Tomás Ruadh O'Sullivan*. Baile Átha Cliath.

O'Grady, Standish H. 1857. *Transactions of the Ossianic Society*, iii.

Ó hÉanaí, Seosamh. 1976. *Ó Mo Dhúchas*. Gael-Linn, CEF 0 51.

Ó Longáin, Mícheál Óg. 1802-1830. Ls. 23 C 20, 69, Acadamh Ríoga na hÉireann.

Ó Madagáin, Breandán. 1981. 'Irish Vocal Music of Lament and Syllabic Verse.' *The Celtic Consciousness.* (Ed.) Robert O'Driscoll. Toronto. 311-32.

Ó Madagáin, Breandán. 1983. 'Ceol a chanadh Eoghan Mór Ó Comhraí.' *Béaloideas*, 51. 71-6.

Ó Madagáin, Breandán. 1985. 'Functions of Irish Song in the Nineteenth Century.' *Béaloideas*, 53. 130-216.

Ó Madagáin, Breandán. 1986. 'Limerick's Heritage of Irish Song.' *North Munster Archaeological Journal*, xxviii. 77-102.

Ó Madagáin, Breandán. 1998. 'Amhráin Bheannaithe: An Traidisiún Dúchais.' *An Sagart*, samhradh. 11-20.

Ó Madagáin, Breandán. 1989. 'The Gaelic Lullaby: A charm to Protect the Baby?' *Scottish Studies* 23. 29-38.

Ó Madagáin, Breandán. 1990. 'Gaelic Work-Songs.' *Ireland of the Welcomes*, March-April. 29-32.

Ó Madagáin, Breandán. 1992a. 'Echoes of Magic in the Gaelic Song Tradition.' *Celtic Languages and Celtic Peoples: Proceedings of the Second North American Congress of Celtic Studies.* Halifax, Nova Scotia. 125-40.

Ó Madagáin, Breandán. 1992b. 'An Ceol a Ligeann an Racht.' *Léachtaí Cholm Cille*, 22. 164-84.

Ó Madagáin, Breandán. 1993. 'Song for Emotional Release in the Gaelic Tradition.' *Irish Musical Studies* 2. (Eds) Gillen, Gerard & Harry White. Dublin. 254-75.

Ó Madagáin, Breandán. 1995. 'Eoghan Ó Comhraí agus Amhráin Ghaeilge an Chláir.' *Ómós do Eoghan Ó Comhraí.* (Eag.) Pádraig Ó Fiannachta. An Daingean. 43-58.

Ó Madagáin, Breandán. 2000. 'Coibhneas na Filíochta leis an gCeol.' *Saoi na hÉigse: Aistí in Ómós do Sheán Ó Tuama.* (Eag.) Pádraigín Riggs et al. Baile Átha Cliath. 83-104.

Ó Muirithe, Diarmaid. 1980. *An tAmhrán Macarónach.* Baile Átha Cliath.

Ó Rathile, Tomás. 1925. *Búrdúin Bheaga.* Baile Átha Cliath.

Ó Súilleabháin, Seán. 1937. *Diarmuid na Bolgaighe agus a Chómhursain.* Baile Átha Cliath.

O'Sullivan, D.J. (Donal). 1921. *Journal of the Irish Folk Song Society,* xviii. 20-23.

O'Sullivan, D.J. (Donal). 1922. *Journal of the Irish Folk Song Society,* xix. 3.

O'Sullivan, D.J. (Donal). 1924. *Journal of the Irish Folk Song Society,* xxi. 37-38.

O'Sullivan, D.J. (Donal). 1958. *Carolan,* i-ii. London.

O'Sullivan, D.J. (Donal). 1960. *Songs of the Irish.* Baile Átha Cliath.

Ó Tuama, Seán. 1961. *Caoineadh Airt Uí Laoghaire.* Baile Átha Cliath.

Ó Tuama, Seán Óg. 1969 (athchló). *An Chóisir Cheoil.* Baile Átha Cliath.

Petrie, George. 1855. *Ancient Music of Ireland,* i. Baile Átha Cliath.

Petrie, George. 1882. *Ancient Music of Ireland,* ii. Féach Stanford-Petrie.

Schneider, Marius. 1960. 'Le role de la musique dans la mythologie et les rites des civilizations non européennes.' *Histoire de la Musique.* (Ed.) Roland-Manuel. Paris. 131-214.

Seabhac, An [Pádraig Ó Siochfhradha]. 1932. *An Seanchaidhe Muimhneach.* Baile Átha Cliath.

Stanford, Charles V. & Petrie, George. 1902-5. *The Complete Collection of Irish Music as noted by George Petrie,* i-iii. London.

Torna [Tadhg Ó Donnchadha]. 1954. *Seán na Ráithíneach.* Baile Átha Cliath.

Ua Cnáimhsí, Pádraig. 1988. *Róise Rua.* Baile Átha Cliath.

Ua Duinnín, Pádraig. 1903. *Amhráin Thaidhg Ghaedhealaigh Uí Shúilleabháin.* Baile Átha Cliath.

Ua Duinnín, Pádraig. 1905. *Muinntear Chiarraidhe roimh an droch-shaoghal.* Baile Átha Cliath.

Ua Duinnín, Pádraig. 1906. *Filidhe na Máighe.* Baile Átha Cliath.

Ua Duinnín, Pádraig. 1907. 'Filidhe na Mumhan, i.' *The Leader*, Sept. 28.

Ua Duinnín. Pádraig. 1911. (Le Tadhg O'Donoghue) *Dánta Aodhagáin Uí Rathaille.* London.

Ua Duinnín, Pádraig. 1923. *Eoghan Ruadh Ua Súilleabháin*, i. Baile Átha Cliath.

Ua Duinnín, Pádraig. 1929. *Four Notable Kerry Poets.* Baile Átha Cliath.

Wall, Thomas. 1962. 'Teige Mac Mahon and Peter O'Connell.' *Béaloideas*, 30. 89-104.

Walsh, Edward. 1883 (athchló). *Irish Popular Songs.* Baile Átha Cliath. (1847).

Williams, Nicholas. 1978. *Riocard Bairéad: Amhráin.* Baile Átha Cliath.

Wilde, Sir William. 1878. 'Memoir of Gabriel Beranger.' *Journal of the Royal Historical and Archaeological Society of Ireland*, i, 4th series. (1870-71) 236-60.

Foinsí na bPictiúr

Clúdach: Rinceoirí caointe; freascó Gréagach san Iodáil ón 5ú haois R.Ch. © Photo SCALA, Florence. (Tá leidí ann go ndéantaí rince leis an gcaoineadh in Éirinn fadó.)

Liopa tosaigh: Mná ag baint charraigín; ócáid lúibíní. Péintéir: Michael O'Gara. (I seilbh an údair.)

1. Mná caointe ar shochraid feirmeora, le Daniel Maclise A.R.A., as John Barrow, *A Tour Round Ireland* (1836, London).
2. Teach Airt Uí Laoghaire. Fótó: BÓM, le caoinchead mhuintir an tí.
3. Teach Airt Uí Laoghaire, halla tosaigh. Fótó: BÓM, le caoinchead mhuintir an tí.
4. Tuama Airt Uí Laoghaire i Mainistir Chill Chré, Co. Chorcaí. Fótó: BÓM.
5. Caisleán na gCárthach, Baile Aodha, Co. Chorcaí. Fótó: BÓM, le cead mhuintir an tí.
6. Ócáid amhrán na cuiginne; Bean Uí Nia, Garomna Co. na Gaillimhe. Fótó: Åke Campbell, 1935, le cead Roinn Bhéaloideas Éireann, An Coláiste Ollscoile, Baile Átha Cliath.
7. 'A Spinning Party, 1846'; ócáid lúibíní, as Henry Coulter, *The West of Ireland* (1862, Baile Átha Cliath).
8. Ócáid an amhráin treafa. Fótó: Tomás Ó Muircheartaigh, le cead Roinn Bhéaloideas Éireann.